ÉGLISES
St-NICOLAS
SUR-LES-FOSSÉS
EN
ARRAS (VILLE)
XIIe SIÈCLE A 1885

PAR

C. LE GENTIL

Ancien Magistrat

Chevalier des Ordres Royaux de Léopold et de Wasa.

Membre de plusieurs Sociétés Juridiques
Littéraires, Scientifiques, Archéologiques et Artistiques
Françaises et Etrangères.

ARRAS

TYPOGRAPHIE DE SÈDE ET Ce, RUE DU VENT-DE-BISE, 16.

1885

ÉGLISES

SAINT-NICOLAS

SUR-LES-FOSSÉS.

ÉGLISES
S{sup}T{/sup}-NICOLAS
SUR-LES-FOSSÉS

EN

ARRAS (VILLE)

XII° SIÈCLE A 1885

PAR

C. LE GENTIL

Ancien Magistrat

Chevalier des Ordres Royaux de Léopold et de Wasa.

Membre de plusieurs Sociétés Juridiques
Littéraires, Scientifiques, Archéologiques et Artistiques
Français es et Etrangères.

ARRAS

TYPOGRAPHIE DE SÉDE ET C*, RUE DU VENT-DE-BISE, 16.

1885

A MONSIEUR

PROYART

Prévôt du Chapitre de la Cathédrale d'Arras,
Vicaire Général du Diocèse.

Monsieur

Inspirée par votre Notice sur l'Eglise de Saint-Nicolas-sur-les-Fossés, *cette Étude doit trop aux documents que Vous n'avez cessé de mettre à ma disposition avec l'inépuisable bienveillance qui Vous caractérise, pour que ce ne me soit point un devoir et une satisfaction de Vous l'offrir, à titre de remerciement et en témoignage des sentiments les plus respectueusement distingués dans lesquels je me plais à me répéter*

Monsieur,

Vôtre entièrement dévoué,

C. LE GENTIL.

AVERTISSEMENT.

Au siècle dernier, Arras s'appelait dès longtemps « la ville aux clochers » et de fait *Ville* et *Cité* en étaient littéralement hérissées, car elles ne comptaient pas moins de cinquante-trois sanctuaires, dont une Cathédrale, onze églises paroissiales et quarante-et-une chapelles abbatiales, conventuelles, hospitalières, échevinales, etc.... (1)

(1) Ces cinquante-trois sanctuaires se répartissaient ainsi :

CITÉ.

Nôtre-Dame. Cathédrale.
Saint-Nicolas-en-l'Atre. Eglise paroissiale.
Saint-Nicaise. Eglise paroissiale.
Trinaires. Chapelle conventuelle.
Brigittines. Chapelle conventuelle.

La tourmente révolutionnaire qui culbuta cette Cathédrale, l'un des plus beaux spécimens des monuments romano gothiques et l'une des merveilles du

Clarisses. Chapelle conventuelle.
Ursulines. Chapelle conventuelle.
La Paix. Chapelle conventuelle.
Sainte-Anne. Chapelle échevinale.
Hôtel-Dieu. Chapelle hospitalière.
Sainte-Agnès. Chapelle.
Saint-Liévin. Chapelle.
Nôtre-Dame-de Lorette. Chapelle.
Nôtre-Dame d'heureux trépas. Chapelle.
Séminaire. Chapelle.
Evêché. Chapelle.

VILLE.

Saint-Géry. Eglise paroissiale.
Saint-Nicolas-sur-les-Fossés. Eglise paroissiale.
Saint-Jean-en-Ronville. Eglise paroissiale.
Sainte-Croix. Eglise paroissiale.
La Madeleine. Eglise paroissiale.
Saint-Maurice. Eglise paroissiale.
Saint-Aubert. Eglise paroissiale.
Saint-Étienne. Eglise paroissiale.
La Chapelette. Eglise paroissiale.
Saint-Vaast. Chapelle abbatiale.
Saint-Pierre. Ancienne collégiale.
Capucins. Chapelle conventuelle.
Grands Carmes. Chapelle conventuelle.
Petits Carmes. Chapelle conventuelle.
Dominicains. Chapelle conventuelle.
Récollets. Chapelle conventuelle.

nord de la France, presque toutes les chapelles et dix églises paroissiales, ne laissa subsister que celle de *Saint-Nicolas-sur-les-Fossés*, la seule qui nous reste aujourd'hui, et qui, après avoir été successivement *Temple de la Raison*, puis *Cathédrale* provisoire sous l'invocation de la très-sainte Vierge est redevenue paroissiale sous le vocable de *Saint-Jean-Baptiste*.

En lisant sur cette église, le 20 juillet

La Thieuloye. Chapelle conventuelle.
Augustines. Chapelle conventuelle.
Sainte-Agnès. Chapelle conventuelle.
Le Vivier. Chapelle conventuelle.
Louez-Dieu. Chapelle conventuelle.
Jésuites. Chapelle du Collége.
Saint-Jean. Chapelle hospitalière.
Saint-Jacques. Chapelle hospitalière.
Saint-Matthieu Chapelle hospitalière.
Saint-Eloy. Chapelle hospitalière.
Chariottes. Chapelle hospitalière
Conseil d'Artois. Chapelle du Palais.
Halle Echevinale. Chapelle du Magistrat.
Sainte-Chandelle. Chapelle.
Tripot. Chapelle.
Petits Ardents. Chapelle.
Batterie. Chapelle.
Onze-Mille-Vierges. Chapelle.
Nôtre-Dame-en-Châtel. Chapelle.
Saint-Jacques. Chapelle.
Saint-Roch. Chapelle.

1852, un article inséré au *Bulletin des Antiquités départementales*, M. le comte Achmet d'Héricourt disait : « Elle est » digne d'études comme ayant seule » survécu à nos sanglantes révolu- » tions. » (1)

Cela était parfaitement exact, aussi depuis lors, cette Eglise a-t-elle été plusieurs fois étudiée. En 1856 dans les *Rues d'Arras* dues au même auteur et à son collaborateur, M. Godin (2) en 1879, dans l'*Arras* de M. Terninck (3) et principalement en 1863 dans l'intéressante *Notice* dont M. le Chanoine Proyart voulut bien doter l'*Almanach commercial* publié par M. Brissy (4).

Profitant de ces travaux divers, nous aidant des livres de MM. Paris (5) et Lecesne (6) si riches en pièces de l'époque révolutionnaire, puisant aux documents de première main qui renferment les Archives de l'Evêché, du Département

(1) Tome I, pages 146 à 155.
(2) Tome II, pages 396 à 401.
(3) Pages 151 à 155.
(4) Pages 9 à 27.
(5) *Histoire de Joseph Le Bon. Passim.*
(6) *Arras sous la Révolution. Passim.*

et de la Ville — les Mémoriaux de l'Echevinage — les Épitaphiers de la bibliothèque municipale — les Registres de Catholicité de la paroisse Saint-Nicolas-sur les-Fossés — les Délibérations des Conseils de Fabrique de la Cathédrale de 1803 à 1833 et de Saint-Jean-Baptiste, utilisant enfin les manuscrits du Père Ignace, guide si précieux et témoin si irréfragable pour tous les faits et toutes les choses qu'il a personnellement connus ou constatés, nous nous sommes proposé, non assurément de faire mieux que nos devanciers, mais d'écrire plus longuement sur l'église actuelle et surtout sur l'église ancienne à propos de laquelle il n'a été imprimé que quelques lignes.

Nôtre Étude se composera donc de deux parties parfaitement distinctes, concernant :

L'une, la première église *SaintNicolay-sur-les-Fosséz, Sanctus Nicolaus ad Fossas* construite au XII° siècle, détruite en 1557 et si peu connue jusqu'à présent.

L'autre, l'église existant aujourd'hui, et dont l'érection commença immédiatement après la destruction de celle qu'elle devait remplacer.

Cette seconde partie sera divisée en

trois périodes: 1° Celle de 1557 à 1794 ; 2° celle de 1794 à 1803 ; 3° celle de 1803 à 1885.

La nomenclature nécessairement décousue des principaux faits passés dans ces églises sera bien aride, les mentions chronologiques des principales personnes inhumées sous leurs dalles sera aussi d'une lecture sans attrait. Nous espérons néanmoins que les éclaircissements historiques, topographiques, archéologiques et généalogiques fournis par l'ensemble du travail pourront intéresser et ceux qu'attache toujours l'histoire locale, et ceux qui conservent la religion des souvenirs.

Quoiqu'il arrive, en consacrant à cet opuscule les premiers loisirs que nous a si violemment faits le décret du 6 octobre 1883, nous aurons du moins obtenu ce bénéfice que se promettait Tite Live, alors que dans la préface de son impérissable ouvrage, il écrivait « *Ego contra hoc quo-* » *que laboris pretium petam, ut me à* » *conspectu malorum, quæ nostra per tot* » *annos vidit ætas, tantisper, cèrtè dùm* » *prisca illa totá mente repeto, avertam !..*«

PREMIERE PARTIE.

—

ÉGLISE ANCIENNE

XIIᵉ SIÈCLE A 1557.

« Ici Saint-Thomas célébra messe certainement. »

(LOCRIUS).

Dans le cartulaire que Guiman écrivait de 1170 à 1192, et que l'auteur du nécrologe de Saint-Vaast qualifie à bon droit de *Famosus* (1), il est fait mention de la première église Saint-Nicolas de la Ville d'Arras.

D'abord, dans le « *privilegium Andreæ atrebatensis episcopi, de concordiâ capellarum,* » intervenu en 1171 (1) à propos des

---

(1) Les cartulaires de Guiman et du Chapitre portent 1161. « *Anno dominice incarnationis, M. C. LXI, indictione quintâ* », date non contredite par la *Gallia Christiana*, admise par Théry, Tailliar et M. Van Drival, mais rejetée par M. Guesnon, dont voici sommairement la thèse

dissentiments nés entre les moines de St-Vaast et les chanoines de la cathédrale, dissentiments dont l'un concernait quatre églises, les unes nouvellement bâties, les autres à édifier prochainement par ces derniers, au-delà des limites de leurs paroisses et sur le fonds de l'abbaye.

« *Prima sunt pro quatuor capellis quarum quasdam canonici infra suarum parochiarum terminis ædificæverant, et quasdam ædificare volebant, una Adonis in vico Abbatiæ, alia Ermenfredi in minori foro, tertia in Rotundâ villâ, quarta Beati Nicolai ad portam Sancti Salvatoris* » (2).

Ensuite, à propos de la topographie de la Ville, telle qu'elle existait lors de la rédaction du cartulaire :

« *A petris magni fori ad Sanctum Nicolaum.*

» *A Sancto Nicolao usque ad domum*

très-concluante, et que nous adoptons pleinement.

La chronologie de l'épiscopat d'André prouve *à priori* que cette date 1161 est fausse. De plus la date de l'indiction correspondant à l'année 1771-1772, il paraît assez vraisemblable qu'un X aura été omis et qu'il faut lire M.C.LXXI.

Ce qui autorise cette hypothèse, est que l'on retrouve presque identiquement les mêmes témoins dans une charte du Chapitre d'Arras, confirmant à l'abbaye de Marchiennes la propriété de l'autel de Mazingarbe et datée de 1171.

(2) Guiman. — Edition de M. Van Drival, page 161.

Willelmi vituli in parrochiâ Sancti Vincentii » (1).

Cette église prit le nom de *Saint-Nicolay-sur-les-Fossez* (2), *Sanctus Nicolaus ad fossas* (3) ou *super fossas* ou *supra fossata* (4), parce qu'originairement elle était sise « sur les fossés extérieurs de la Ville (5), la « où est à présent le bastion Saint-Nicolas » (6), et qu'elle ne fut comprise dans l'enceinte des remparts qu'à une époque ultérieure, celle peut-être de Philippe-Auguste. Ce qui ne l'empêcha point de conserver son apellation première, Saint-Nicolay-sur-les-Fosséz.

Elle était de plus contiguë à la porte qui finit par prendre le nom de Saint-Nicolas, mais qui au temps de Guiman, s'appelait Saint-Sauveur « *A petris parvi fori usque ad portam Sancti Salvatoris,* » à cause de sa proximité de l'église *extra muros* placée sous ce vocable. « *Parrochia Sancti Salvatoris ad portam civitatis est que a nomine ipsius parrochie porta Sancti Salvatoris dicitur.* » (7) Eglise dont Saint-Nicolas-sur-les-Fossés ne fut d'abord

---

(1) Guiman. — Page 213.

(2) C'est ainsi que l'écrivent tous les documents des XIVe et XVe siècles.

(3) Locrius. *Chronicum Belgicum.*

(4) Théry. — *Inventaire des privilèges du Chapitre.*

(5) Le Père Ignace. *Supplément aux Mémoires.*

(6) *Eodem loco*

(7) Guiman, page 257.

que le secours (1), et qui devint elle-même le secours de cette dernière érigée en cure (2). Ce qui dut avoir lieu au plus tard vers la fin du XVe siècle, car, en 1484, les marguillers de Saint-Sauveur devaient rendre compte au curé et au délégué des marguillers de Saint-Nicolas-sur-les-Fossés. « *Ecclesia Sancti Salvatoris habet administratores, seu matriculares, ab ecclesiâ Sancti Nicolai supra fossata distinctos, eâ tamen conditione quod dicti matriculares tenebuntur singulis annis reddere computum dictæ ecclesiæ coram pastore et deputato per matriculares prædictæ ecclesiæ Sancti Nicolai, et juramentum præstare coram dominis hujus Capituli atrebatensis. Anno 1484* (3). Et le 3 août 1498 le Chapitre de la cathédrale permit aux habitants de Saint-Sauveur, d'établir des fonts baptismaux dans leur église, et d'y baptiser au cas d'absolue nécessité, les enfants qui nés nuitamment ou même de jour paraîtraient en danger de mort.

« A tous ceulx qui ces présentes lettres verront, doyen et chapitre de l'église d'Arras, le prévost d'icelle absent, salut. Savoir faisons que nous avons receu l'humble requeste et supplication des paroissiens de l'église Saint Nicolay sur les Fosséz, de-

---

(1) Le Père Ignace. *Mémoires.* Tome II
(2) Le Père Ignace, *eodem loco.*
(3) *Répertoire* de Théry, folio 168, v^o.

mourans ès faulxbours, et hors le porte de la Ville d'Arras, soubz l'église Saint-Saulveur, qui est secours et membre de laditte église Saint Nicolay, et situé esdits fauxbours d'Arras, contenant que laditte église Saint Saulveur, est située hors laditte Ville d'Arras, à l'occasion de quoy meismement que icelle église de Saint Saulveur et les parrochiens de laditte église Saint Nicolay demourans esdits fauxbours sont de grant distance de laditte église Saint Nicolay et de toutes les églises parrochiales par quoy sont souvent advenus et que pys seroit porroient plus advenir pluseurs grans inconvéniens ; que quant les enfants diceulx parrochiens nascent et viennent sur terre ils ne les sccvent, de nuyt, au moyen que les portes d'Arras se ferment à présent tempre et ocurrent tart, ni de jour en cas de nécessité ou hastiveté, ou les aller et porter baptiser à cause que en laditte église Saint Saulveur ne a fons ; tellement que par ceste cause, aulcuns enfans desditz parrochiens sont souvent, dont on doibt doloir, terminez vies par trespas sans baptesme et plus polroit que Dieu ne vœulle ledit cas advenir par les moyens dessus ditz. Requerrans que pour à ce obvier, et ossi en faveur que lesditz parrochiens ont puys nagueres de temps encha bien et suffissamment refait réédiffier et reparer leditte église Saint Saulveur ; que notre bon plaisir soit leur accorder que en icelle église de Saint Saulveur ils puissent avoir et ayent fons a baptesme pour doresnavant perpétuellement et a tousjours y baptiser et faire baptiser les enfans qui nasceront esditz fauxbours soulz laditte paroisse Saint Nicolay, de nuyt indifféramment et de jour, tant seulement en cas de nécessité ou hastiveté, comme et ainsy que faire polroient, en leur ditte église et paroisse Saint Nicolay sur les Fosséz. Et lesquels fons, ils offrent, et sont content faire faire édifier, maintenir, garder et retenir du tout à leur fraix et despens en toutes choses. Par quoy nous inclinant et obtemperans miséricordieusement à la ditte supplication et requeste avons pour les causes dessus dittes et aultres vrayes justes et raisonnables a ce nous mouvans, Accordé et consenty par ces présentes ausdits parrochiens suppliants qu'ilz ayent et puissent faire faire construire et édifier fons a baptesme en laditte église Saint Saulveur a leur fraix et despens en toutes choses pour en user indifféramment de nuyt et de jour ; tant seullement en cas de imminente nécessité à baptiser leurs ditz enfans sans par ce préjudicier en riens au droit du curé de laditte église Saint Nicolay. Et sur et par condition que iceulx supplians seront tenus de apporter leurs ditz enfans qui nasceront de jour, se nest audit cas de nécessité, baptiser ès fons de laditte église Saint Nicolay sur les fosséz. Lesquels fons lesdits supplians et leurs successeurs doivent, sont et seront tenus en laditte église Saint Saulveur retenir, maintenir et entretenir a leurs ditz propres fraix et despens en toutes choses. Et si ont promis doivent, sont et seront tenus lesditz paroissiens et leurs ditz successeurs payer au curé ou vice-gérent de laditte église Saint Nicolay pour l'intérêt qu'il polroit avoir en ladite grace, congé et ottroy douze sols monnoie courant en Arthois, chacun un a deux termes et payement en lan, telz que ès nuytz ou veilles de Pasques (communiaux) et Penthecouste a chacun terme, six solz; premier terme commenchant la nuyt ou veille de Pasques communiaux prochainement venant, le second terme la nuyt ou veille de la Penthecouste après ensuyvant. Et ainsi en poursuyvant héritablement et a tous jours parmy ce que ledit curé ou vice-gerent de Saint Nicolay sur les Fosséz sera tenu béneir ou faire béneir lesditz fons assavoir aux dites veilles de Pasques communiaux et Penthecouste, ainsy qu'il est accoustumé faire, sans estre tenuz à aultres cherge ad ce de la somme dessus ditte. Et si ont encoires promis donner, sont et seront tenus iceulx supplians et leurs successeurs présens et advenir nous payer chacun an pour droit de recongnaissance, grace et congié des choses dictes, quatre solz dicte monnoie pour appliquer à la fabrique de notre ditte église, au jour et terme Saint Remy dont premier terme sera et écherra au jour Saint Remy que l'on dira en l'an mil IIII^c IIII^{xx} dix nœuf. Et ainsy en poursuyvant héritablement et a tous jours et à ce faire et furnir obleigent lesditz paroissiens et habitans tous les biens et temporel de ladicte église Saint Saulveur présens et advenir. Et ont consenty en cas que en temps advenir par eulx ou leurs successeurs ne soit payet, furny et accomply tout ce que dessus est dit et (doibvent) que nous puissons touteffois que bon nous semblera faire démolir ledit fons de laditte église Saint Saulveur.

En tesmoing de ce nous avons fait mettre à ces lettres faictes en doubles le scel aux causes de notre église.

Données en nostre chapitle chappitlant le troisiesme jour d'aoust an mil CCCC IIII^{xx} et dix huyt » (1).

Plus tard, « en 1545, le Chapitre accorda à ces mêmes habitants de ne plus être obligés ni contraints de porter les corps morts à l'Eglise Saint-Nicolas sur les Fossés avant de les inhumer dans leur cimetière ». (2).

Mais Saint-Nicolas sur les Fossés se trouvait-il à droite ou à gauche de la porte, par rapport à qui se plaçant dans la rue du Saumon regarderait la baie de la voûte toujours subsistante.

Certaines personnes l'ont mis à droite, de ce nombre était M. le chanoine Mouronval lequel « prétendait — ainsi que nous l'apprend M. Proyart — que le cordon de grès que l'on voit encore dans le pied de la rampe était un reste de l'ancien mur de l'église ». Mais c'est indubitablement à gauche qu'était l'emplacement véritable.

Ecoutons le Père Ignace, dont les ren-

---

(1) Archives du P.-d.-C. — *Série G. Chapitre d'Arras. Carton LV°*, parchemin scellé de deux sceaux.

(2) Le Père Ignace, *Additions*, tome II, p. 153.

seignements, de fait toujours précieux, sont ici d'une précision mathématique.

« L'ancienne église, dit-il, était placée ou est à présent le bastion Saint-Nicolas, près le jardin qui est aujourd'hui, l'an 1733, annexé au lieutenant de Roi à Arras. L'on y entre par une porte rue du Saumon, qui est sous la rampe par où l'on monte sur le rempart de ce côté-là. L'on voit encore dans ce bastion l'embrasure pour quatre canons, mais aucun vestige d'église, ce qui prouve que celle-ci a été démolie entièrement. L'embrasure donne directement sur la demie-lune qui est au-delà du fossé entre la porte Saint-Michel et celle de Saint-Nicolas ». (1). Autre part il ajoute : « Cette église étoit cy-devant où est aujourd'hui la rampe pour monter au rempart près de la maison du premier président du Conseil M. Palisot d'Incourt » (2). Autre part encore : « L'église paroissiale de St-Nicolas était un monument, comme on l'a déjà dit, sur les fossés extérieurs de la Ville, proche la porte du nom de ce saint évêque, et presque vis-à-vis l'hôtel de Hornes, qui est à présent la maison de M. Palisot, premier président du Conseil d'Artois, achetée par Blaise Palisot » (3).

Or l'*Inventaire des Maisons d'Arras* de Dom Page établit que de la ruelle de l'impasse « menant à la portelette de l'église »

---

(1) *Supplément aux Mémoires*, p. 725.
(2) *Mémoires*, tome II.
(3) *Supplément aux Mémoires*.

Saint-Nicolas sur les Fossés, actuellement Saint-Jean-Baptiste, il y avait dans la rue du Saumon la maison n° 1595 faisant le coin de cette impasse et de la rue, la maison 1596 appartenant à « messire Philippe Palisot, 1ᵉʳ président, sieur d'Incourt, » la maison 1597 et la maison 1598 faisant le coin de la rue du Saumon et de la rue Fausse-Porte-Saint-Nicolas (1), ce qui place la maison du 1ᵉʳ président là où est celle de l'auteur de ce travail, précisément en face la porte menant sous le rempart à la partie du bastion percée des quatre embrasures existantes aujourd'hui comme alors qu'écrivait le Père Ignace.

Quant au jardin annexé au lieutenant de Roi, et détruit seulement depuis environ cinquante ans, le Père Ignace déclare, en déterminant les emplacements des jardins de l'état-major, que celui du lieutenant régnait « dans la fausse braye, derrière la la rue du Saumon, entre le bastion Saint-Michel et la porte Saint-Nicolas » (2).

Ajoutons que le plan de Guichardin, met l'église Saint-Nicolas sur les Fossés, au lieu indiqué par le Père Ignace.

Cet endroit est donc précisé d'une façon absolument certaine, et l'on s'explique parfaitement que ce soit là, qu'il y a environ cinquante ans, quand l'abaissement du rempart a nécessité certains déblais, M. Proyart

---

(1) Archives départementales.
(2) *Recueil*, tome VIII, page 285.

ait vu « des tronçons de colonnes, des restes de chapiteaux et autres fragments d'architecture ayant appartenu à l'église » (1), noyés dans les terrassements à l'aide desquels lors de sa destruction, on avait blindé les souterrains du bastion.

Le plan précité de Guichardin, figurant Arras *Ville* et *Cité* vues à vol d'oiseau, place l'église Saint-Nicolas parallèlement à la rue du Saumon, exception rare à l'orientation ordinaire et traditionnelle si rigoureusement respectée alors.

De ce plan, il résulte encore que cette église était bâtie en croix latine d'altitude uniforme ; que, coiffée d'un simple toit, la tour quadrangulaire, en maçonnerie, percée d'ouïes en plein cintre, et couronnée par une galerie, s'élevait au-dessus de l'entrecroisement, sans être solidifiée de contreforts apparents, à moins qu'ils n'aient été négligés — chose très vraisemblable — par le graveur.

Cette disposition de la tour, au-dessus de la partie médiane de la grande nef, fréquente dans les églises de cette époque — et que l'on retrouvait à Saint-Etienne et à Saint-Jean-en-Ronville — est inconciliable avec deux passages des *Mémoriaux*, l'un de 1423, l'autre de 1498, desquels il résulte, qu'au lieu de s'élever au centre de l'édifice, la tour y était latéralement soudée.

Nécessité conséquemment d'admettre que

(1) *Notice sur l'église Saint-Nicolas sur les Fossés.*

l'opinion reçue jusqu'à ce jour sur la foi du plan de Guichardin, est erronnée.

On ne saurait effectivement faire prévaloir les données d'un plan, sur les mentions très positives de documents indiscutables dressés précisément en raison de l'emplacement topographique des édifices et lieux dont ils traitent.

On le saurait d'autant moins, que si le plan de Guichardin est dans son ensemble généralement exact, on y peut dans les détails, relever maintes inexactitudes.

Ainsi l'église Saint-Etienne y est complètement oubliée. Le beffroi y est placé au droit de la façade de la halle échevinale qu'il prolonge, quant au contraire il se trouve à l'arrière. La cathédrale y est figurée avec une seule tour au grand portail qui en avait deux. La Maison-Rouge y est représentée sans ses tourelles. La svelte et polygonale pyramide de la Sainte-Chandelle y apparaît lourde, basse et quadragulaire, etc., etc. Rien d'extraordinaire donc à ce que ce plan soit fautif au sujet du clocher de Saint-Nicolas sur les Fossés.

Les documents de 1484 et 1498, affirment au contraire que ce clocher était adjacent à l'église.

Le premier en autorisant le percement d'une porte voutée « huissine vaussée » au mur de « la forteresse de la Ville *tenant au clocquier* de l'église Saint-Nicolay à entrer dedans le clocquier par terre » c'est-à-dire de plein pied, au rez-de-chaussée.

Le second, en permettant d'édifier une

chapelle « sur le flégard de la Ville *auprès du clocquier* de ladite église. »

Choses absolument exclusives de toute idée de tour s'élevant au-dessus du point d'intersection de la croisée de l'édifice (1).

Du même plan, M. Terninck induit que l'église avait une seule nef, et qu'elle devait être sombre intérieurement, ses fenêtres se trouvant petites et peu nombreuses.

Tout en rendant possible une nef unique, le seul toit donné par le plan — d'une manière erronnée peut-être, comme à l'église de Saint-Jean-en-Ronville — ne serait cependant pas exclusif de l'idée de trois nefs, et même la disposition cruciale de l'église et ses grandes proportions, seraient, selon nous, de nature à les probabiliser ; — ses grandes proportions, disons-nous, car à en juger par le plan de Guichardin, Saint-Nicolas aurait été, après Saint-Géry, l'une des églises paroissiales les plus considérables de la Ville.—Les jours, figurés tellement quellement dans un monument réduit à une échelle aussi exigue, pourraient ne donner aussi qu'une idée très inexacte

---

(1) De Beaulieu dans sa grande vue d'Arras placée en tête du plan du siège de 1654, a également mis la tour de la seconde église Saint-Nicolas sur les Fossés, au point d'intersection de la croisée de l'église et de la grande nef, ce qui assurément n'a jamais existé. Et pourtant ce travail aurait dû se trouver d'autant plus exact qu'il avait été fait par ordre du Roi.

de leurs dimensions et de leur nombre.

La fenestration, peu considérable, était néanmoins, il faut le reconnaître, un des caractères architectoniques de l'époque, qui voulait, sinon par une demi-obscurité du moins par un jour voilé, inspirer aux fidèles cette sorte de frissonnement religieux, *sacer horror*, que doit causer à qui en franchit le seuil, la maison du Seigneur.

Le Rentier de 1383 démontre que « dernière des maisons du premiers tours de la parosce Saint-Nicolay sur les Fossés, commenchant à le porte Saint-Nicolay, » (1) celle du curé de l'église y confinait.

La cimetière, comme partout ailleurs, attenait à l'église (2), quoique tronçonné, sans doute par le défilé de la porte Saint-Nicolas.

En 1165, saint Thomas Becquet, archevêque de Cantorbéry, et que la tradition, attestée par Ferry de Locre, *Ferreolus Locrius*, ancien curé de Saint-Nicolas, faisait originaire de Bapaume, « *patriâ ut ferunt bapalmensis,* » vint à Arras et célébra la messe à Saint-Nicolas. Pour conserver et perpétuer la mémoire de ce fait, ont y fit placer une inscription commémorative. et une représentation du martyre du saint. « *Atrebatum artesiæ caput, sui præ-*

---

(1) Archives municipales.
(2) Le Père Ignace, *eodem loco* — Dubus, *Dictionnaire historique*, tome IX. Manuscrit de la bibliothèque de l'Académie d'Arras.

sentiâ fertur honorasse; ibique missarum solemnibus fuisse operatus; qùum in priore nostrâ beati Nicolai ad fossas (ut vocant) basilicâ; extatque ad beati Antonii altare, in tabulâ antiqui caracteris aliquale monumentum, quod est ejus modi.

Icy S. Thomas célébra messe certainement.

Appictâ martyrii illius historiâ, ex vetere in recentiorem quam hodiè frequentamus ecclesiam translatâ (1). »

Suivant M. Terninck, l'inscription aurait été gravée sur pierre, et conservée dans l'église actuelle à l'autel de Saint-Antoine, jusqu'à la Révolution.

Sans pouvoir préciser le nombre d'autels que renfermait l'église, on peut, avec certitude, en indiquer deux, le maître-autel et l'autel de Saint-Jean-Baptiste, cité dans l'acte de fondation de Madame de Mailly, datant de 1447.

En 1171, des dissentiments éclatèrent, nous l'avons vu plus haut, entre messieurs de l'abbaye et messieurs du Chapitre de la cathédrale, à l'occasion de plusieurs sanctuaires élevés ou à élever par les chanoines au-delà des limites de leurs paroisses, *infra suarum parochiarum terminos,* et sur le fonds de Saint-Vaast; sanctuaires que les religieux soutenaient n'avoir pu et ne pouvoir être érigés sans leur consen-

(1) *Chronicon Belgicum*, M C XVI. — Pages 321, 322.

tement « *has capellas Abbas et monachi contra dicebant hanc suæ contradictionis causam proponentes, quod loca in quibus capellæ ædificatæ vel ædificandæ fuerant, in fundo Sancti Vedasti continerentur et ideo in illis locis sine assensu Ecclesiæ Beati Vedasti nulli, liceret de novo ædificare capellam.* » Point incontestable et sanctionné par le Pape lui-même. « *Alexander... authoritate apostolicâ duximus statuendum, ut nullus, in proprio fundo monasterii vestri absque consensu et voluntate vestrâ, ecclesiam construere audeat.* » L'un de ces sanctuaires était Saint-Nicolas sur les Fossés.

Des arbitres ayant été nommés pour terminer le différend, les chanoines eurent gain de cause en ce qui touche Saint-Nicolas. « *Capellam Beati Nicolai ad portam Sancti Salvatoris canonicis perpetuo tenendam decreverunt, et quod sui juris monachi en illâ clamabant canonicis libere concesserunt.* » Non en raison de ce que les prétentions des religieux n'étaient point fondées, mais parceque vu l'accroissement de la Ville et de sa population cette église parut nécessaire à l'exercice du culte. *Ad serviendum Deo et ad curandum populum necessariam* (1) et que ce grand intérêt sembla aux arbitres devoir l'emporter sur le droit privé de l'une des parties litigantes ; conséquemment, depuis lors, ce bénéfice fut à la collation du Cha-

---

(1) Guiman, *in privilegio supra citato.*

pitre, qui, « le jour du Patron, commettait un chanoine pour officier en qualité de curé primitif (1). »

Cette suprématie du Chapitre lui valait de plus certaines autres prérogatives, comme on va bientôt le voir.

L'an 1275, le Chapitre qui avait part aux offrandes des paroisses d'Arras — placées sous son patronat — prenait selon la taxe de ce temps qui a changé et varié depuis, les deux tiers de celles de Saint-Nicolas sur les Fossés (2).

De 1339 à 1340 Arras ayant été sérieusement menacé, l'ennemi étant à Cambrai, on dut envoyer des arbalétriers en l'ost du côté de Buironfossé et Thun-l'Evêque, avec la chevauchée du Roi. De plus on mit la Ville en état de défense.

Or, dans le détail des bretèques construites sur les remparts dans cette circonstance, on trouve mentionnée l'église Saint-Nicolas. Son clocher fournissant à la défense un point relativement élevé, on y avait établi, comme sur la porte, ces abris provisoires qui protégeaient les archers et les arbalétriers de la place (3).

En février 1390, Robert-le-Roy, curé de Saint-Nicolas, rendit un curieux compte dont voici le protocole :

« *Compotus mei Roberti Regis curati*

(1) Le P. Ignace, *Mémoires*, tome II, page 329.
(2) Le Père Ignace, *Additions*. Tome 2, p. 104.
(3) Archives communales d'Arras et archives du Nord. Communication de M. Guesnon.

parrochialis ecclesie sancti Nicholaï supra fossata Atrebatensis. Succollectoris apostolici in civitate et diæcesi atrebatensi a venerande circonspectionis et prudentie viro magistro Johanne de Champieneyo canonico Trecensi nuncioque et collectore apostolico in provinciâ Remensi deputati, de et super receptis debitorum, proventuum et jurium quorum cumque ad canceram apostolicam spectantium in dictis civitate et diœcesi atrebatensi, solutionibusque expensis et misiis per me factis super hoc a XXIII die mensis februarii anno a nativitate domini millesimo trecentesimo octogesimo nono qua die in officio hujus modi succolectorie deputatus extiti, usque ad diem auditionis presentis compoti (1) ».

« En 1390, un particulier donna avec permission du Chapitre à l'église Saint-Nicolas sur les Fosséz un poële pour servir aux obsèques des pauvres de cette paroisse » (2).

Un tribut étant à payer au Chapitre pour les enterrements qui se faisaient avec tentures funèbres et drap mortuaire « en 1412 le droit de tendre pour les morts dans l'église Saint-Nicolas sur les Fossèz, fut donné à ferme, les draps de soye, les armoiries, blasons et autres honneurs de la noblesse exceptés, *exceptis scricis, equis et armis.*

---

(1) Archives départementales. Reg. en papier composé de 23 feuillets. — 1390.

(2) Le Père Ignace, *Loco citato*, p. 105.

On nommait en ce temps-là ce droit : *autelage*, en latin *altalagium*, à cause que l'on tendoit les autels dans ces lugubres cérémonies » (1).

A propos d'une poterne à ouvrir dans l'entre-porte Saint-Nicolas pour accéder au clocher de l'église, ont lit aux *Mémoriaux* :

GRACE SAINT-NICOLAY.

Le xxvi° jour de may mil iiii° et xxiiii messieurs Lionnel de Saint-Vaast, Robert Pipellart, M. Mazenghue G. le Borgne, M. Davion, Jehan de Wailli, Jehan Coquet, M. de Paris, eschevins, ont esté d'accord que ceulx de l'église Saint-Nicolay puissent faire une huissine vaussée au mur de le forteresse de le Ville tenant au clocquier de l'église Saint-Nicolay à entrer dedens le clocquier par terre et lesdits de l'église ferestoupper lautre huys à leurs despens et tant qu'il plaira à le Ville (2).

En 1426, une procédure eut lieu entre « maistre Alexandre le Maire bachelier en décrèt, chanoine d'Arras, curé de Saint-Nicolay sur les Fosséz » et Nicaise Mallebrancq, Adam Cauderon, Jehan Rays et Pierre Ruys », marguilliers de ladite église.

Se fondant sur une lettre latine sur parchemin, de 1426, trouvée dans les papiers de Jehan des Alleux, curé de Saint-Nicolas, passée devant l'official d'Arras par

---

(1) Le Père Ignace, *eodem loco*, pages, 66, 67, 105.

(2) Reg. mémorial ne 1419 à 1425, f° 95.

maistre Hue Mulette, ancien curé aussi de la même église, les marguillers prétendaient que le curé devait célébrer suivant la fondation de Laurence Hawelle deux messes paroissiales au grand autel chaque semaine, l'une chantée avec notes, l'autre basse, pour lesquelles se touchait une rente assise sur une maison nommée « *l'Esquelle d'argent* ».

Le curé soutenait au contraire que cette lettre était fausse.

Nous ne saurions dire de quelle manière se termina le différend, une seule pièce, en défense, pour le curé, ayant été conservée (1).

En avril 1447, Mme de Mailly fit dans l'église Saint-Nicolas la fondation dont le titre constitutif est parvenu jusqu'à nous :

FONDATION DE Mme DE MAILLY.

A tous ceulx qui ces présentes verront Jehan Longuebraye ad present garde du seel royal de la Baillie Damiens, estably es prevostez foraine de Beauequesne dedens la Ville pour seeler et conformer les contraux, convenenches, marchiez et obligacions qui y sont faites et reçues, entre parties Salut. Sachent tous que pardevant Everard Seuwin et Mahieu de Beaumont, auditeurs du Roy notre sire ou nom d'icellui seigneur mis et establis par monseigneur le bailli Damiens ad ce oir. Comparurent en leurs personnes Jacque Wallois, Pierre

(1) Archives générales.

laisne et Willamme de Beauffort, manegliers de l'église monseigneur Saint-Nicolay sur les Fosséz en la Ville d'Arras, et ont recongnut et chacun deulx ou nom que dessus comme noble et puissant dame madame Marie de Mailly, dame dudit lieu de Mailly, du loussignol de Bours et de Baillencourt. Pour pourvoir au salut et remède de son âme et des âmes de messeigneurs ses prédécesseurs, bienfaitteurs et amys trespassez, ausquelx Dieux absoille ayans regard et considéracion que par grant espace de temps elle a esté et encoires est parroissienne de la dite église Saint-Nicolay. Et aussi que de tout son pooir elle ait affecté et affecte l'augmentation au divin service en icelle église adfin que nostre benoit créateur et redempteur par l'intercession dudit monseigneur Saint-Nicolay et de tous les sains soit plus propice et misericors aux âmes de ladite dame et de mesdis seigneurs ses prédécesseurs et bienfaiteurs et pour autres causes et considéracions ad ce le mouvans ait icelle dame par bon conseil et advis et de pourpos délibéré et par le gré et consentement de noble homme Jehan de Mailly son aisné filsz et héritier apparent volu et ordonné que une messe perpétuelle soit dicte et célébrée chacun jour en ladite église Saint-Nicolay dont elle est parroissienne comme dit est en la chappelle saint Jehan-Baptiste à heure de huit heures du matin, en laquelle chappelle la dite dame a intencion au plaisir de Monseigneur prendre sa sépulture, pour aquelle messe perpétuelle elle ait volu et vœult estre payet par lesdits manegliers à Sire Raoul du Vaal, prestre, son parent, chappellain qui durant sa vie dira et célébrera la dite messe, la somme de quarante livres. Item par ung aultre chappellain sera encoires dit et célébré perpétuellement en la dite chappelle Saint-Jehan trois messes chacune sepmaine qui se diront c'est assavoir les lundi, merquedi et venredi à heure de sept heures du matin, pour lesquelles trois elle a volu estre paie par iceulx manegliers à sire Robert le Prevost qui durant sa vie célébrera icelles trois messes, la somme de dix-huit livres tout monnoie courans à pain, vin et char en la dite Ville d'Arras et à quatre termes en l'an, telz que Noël, Pasques communiaulx, saint Jehan-Baptiste et saint Remi. Parmi ce que les dis chappellains et leurs successeurs et chacun d'eulx soient et seront tenus à l'entrée de le messe faire le prone et dire ung *De Profundis* pour les ames de ma dite dame et de mes dis seigneurs ses prédécesseurs et bienfaiteurs et aussi seront tenus livrer luminaire pour dire les dites messes bel et honnourable en chierges du poix et grandeur compétent et à leurs despens, et de demourer et faire leur résidence en la dite Ville d'Arras, et daorer la dite église aux nataux jours de Notre-Dame et autres festes solempnelles. Et sy les dessus diz chappellains ou l'un d'eulx alez de vie à trespas, et que la dite dame seroit lors trespassée et non ainchois, elle a volu et vœult que par les dis manegliers et leurs successeurs appellez avec eulx la plus saine

partie des notables parroissiens d'icelle
église y soient trouvé aultres chappellains
qui soit ou soient de bonne vie et honneste
conversacion, mais tant que icelle dame
ait la vie respirans au corps elle porra ad
ce commettre telz chappellain ou chappellains qu'il lui plaira, lesquelz chappellains
ou chappellain ainsi par eulx esleux joira,
joiront et possesseront des dis chantuaires
aux drois et pourffis dessus dis se ils ou
l'un d'eulx ne commettent chose pour laquelle il y eust cause de y pourvoir autres
chappellains en leurs lieux, et sy seront
iceulx manegliers et parroissiens d'icelle
église l'un des dis chappellains ou les deulx
alez de vie à trespas tenus de faire ellection
de aultre chapelain ou chappellains en dedens quinze jours à compter du jour du
trespas d'iceulx chappellains ou de l'un
d'eulx sans ce qu'ilz puissent tenir en leurs
mains les dis cantuaires oultre ne plus
longtemps que dessus est dit. Et meismement seront tenus de faire desservir les
dis cantuaire ou cantuaires depuis le trespas des dis chappellains ou de l'un d'eulx
jusques à ce qu'ilz auront fait la dite ellection aux despens de la revenue pour ce ordonnée par la dite dame dont cy après sera
faite mencion. Et sy a encoires icelle dame
volu et ordonné, vœult et ordonne que ung
obit solempnel et perpétuel vegilles et com-
mandasses à noef salpmes et à noeuf le-
chons et messe solempnelle a diaque et
soubx diaque soit dit et célébré chacun an
au grant autel d'icelle église par les curé
ou visigérent et ceulx de la dite église en

jour de venredi et à commencher au premier jour de venredi ensuivant son trespas advenu et les vegilles le joeudi précédent. Pour lequel obit elle a volu et vœult estre payet et distribué par les dis manegliers la somme de quarante solz dicte monnoie aux personnes que s'enssièvent est assavoir au curé ou visigérent présent au dit obit dix sols, aux diaque et soubx diaque à chacun quatre solz, au coultre quatre solz, au clerc trois solz, et encoires aus dis coultre et clerc pour sonner bien et longuement aus dites vegilles, commandasse et messe du dit obit trois solz et avec ce unze solz qui seront donnés et distribuez par iceulx manegliers aux povres membres de Dieu lors estans en la dicte église adfin quilz vœullent de prier notre Seigneur pour l'ame de la dite dame et de mes dis seigneurs ses prédécesseurs et bienfaicteurs. Et pour paier et furnir lesdis chappelains et obit dessus dis qui se montent chacun an à la somme de soixante livres monnoie dicte, la dite dame ait ordonné, cédé, transporté et dès maintenant mis en la main des dis manégliers et parroissiens de la ditte église Saint Nicolay comme en main-morte par fourme et manière de cantuaire ou cantuaires sans ce qu'ilz soient impetrables, tout ung fief et tenement par la dite dame Marie de Mailly, naguaires acquis et achetté dudit Jehan de Mailly son aisné filz et héritier apparent comme dist est. Et lequel fief se comprend et entend en ung certain droit et porcion d'un dismage courans sur toutes les terres seons ou terroir

de la dite ville et seignourie de Bours et
ailleurs en plusieurs terres à lenviron, par
ledit Jehan de Mailly ja piecha acquis et
achetté de Corgnelis de Gavre dit de Lide-
kerke, seigneur de Lens et de Brecht, et
Madame Jehanne d'Arly sa femme, dame
de l'Estoille et du Foeulloy, laquelle porcion de disme a deument admorty et qui
vault en revenue chacun an, deschargie de
touttes charges, la somme de soixante-dix
livres dite monnoye ou mieulx, et le sour-
plus et remain de la dite revenue sera com-
pettera et appartenra au droit et prouffit de
la ditte église Saint Nicolay, soubx condicion que iceulx manegliers et leurs successeurs manegliers de la dite église doivent, sont et seront tenus de prendre garde
à l'entretenement d'icelles messes et obit,
et aussy entretenir et garder les calices et
aournemens en aussi bon estat et valeur
que seront ceulx qui par la dicte dame ou
ses commis leur seront delivrez pour dire
et célébrer lesdites messes sans fraude. Et
en oultre sont et seront lesdis manegliers
et leurs dis successeurs tenus de compter
ordinairement chacun an, tant en recepte
comme en mises des choses dessus dictes
par les comptes de la ditte église comme
ces choses et autres on dist plus à plain
estre contenus et déclairiés en certaines
lettres d'amortissement sur ce faictes et
passées par la dite dame, comme dame du
dit lieu et seignourie de Bours, et en la
présence des hommes de fief d'icelle dame
jugans en sa court dudit lieu de Bours en
laps de soye et cire vermeille et vert qui

sont faictes en chincq parties comme l'on
dist, que finablement lesdis manegliers re-
congnoissent et chacun d'eulx ou nom que
dessus vœullans en ce user et procéder de
bonne foy et acomplir la volenté d'icelle
dame, après ce que par pluiseurs et diverses fois ils ont fait assembler en grant
nombre en ladite église les notables parroissiens d'icelle église et quilz ont eu sur
ce conseil et advis, sachans véritablement
estre le bien et pourffit de la ditte église et
meisme mentent l'acroissement du divin
service, que par ce moyen se fera journele-
men en ladite église Saint Nicolay, que
tout bons chrétiens doivent désirer de tout
leur cœur, ont lesdis manegliers et chacun
d'eulx pour eulx et leurs successeurs manegliers en la dite église toutes les ordon-
nances et amortissemens desdites messes
et obit dont dessus est fait mencion, eu et
ont pour agréable et meismes par le com-
mandement exprès des dis notables, ont
promis et promettent de bonne foy et soubx
l'obligacion cy après déclairée, les tenir et
entretenir par les fourme manière et tout
ainsi que la dict dame l'a volu et ordonné
fermement tenir, paier, faire furnir, entretenir, enteriner et accomplir de point
en point par le manière dite avec pour
rendre tous frais que par difficulté des
choses dessus dites ou davenues d'icelles
non tenues et non aemplies s'en porroient
ensuir, en ont obligié et obligent les dis
manegliers et chacun deulx tous les biens
revenues et temporel de la dite église ou
quilz soient présens et advenir, pour les

prendre et vendre par toutes justices sans meffait sy avant que deffault y aroit. Et si ont esleu et eslisent leur domicille pour eulx et leurs successeurs en la ditte église Saint Nicolay accordans que tous exploix de justice qui y seront fais touchant les choses dessus dites et leurs deppendances vaillent et soient d'autel effect, vertus valeur comme se fais estoient à leurs personnes ou vray domicille. Et sont ces lettres faictes en cincq parties pareilles les unes aux autres, les unes pour la dite église Saint Nicolay, unes pour la dite dame et ses successeurs, unes qui seront mises en le trésorerie de l'église Saint Vaast d'Arras, unes qui seront mises en le trésorerie de messieurs du chappitre de l'église d'Arras et les autres en le huche aux chartres de la dite Ville d'Arras, renonchans les dis manegliers à toutes les choses quelxconques qui aidier et valoir leur porroient et à leurs successeurs pour aler ou faire aler contre l'effect et teneur de ces présentes lettres et à la dite dame, ses hoirs et ayans cause grever, empeschier ou nuire. Tout ce que dessus est dit nous ont les dis auditeurs tesmoingné estre vray par leurs seaulx. Et nous à leur tesmoing avons mis à ces lettres le dit scel royal. Ce fu fait et recongnut le dix-huitiesme jour d'avril lan mil quatre cens et quarante sept après Pasques (1). »

(1) Original en parchemin scellé. *Archives départementales.*

L'église Saint-Nicolas était, au XVe siècle, le siège des confréries de *Saint-Antoine*, de *Saint-Sébastien*, de *Saint-Adrien* de *Saint-Nicholas*, de *Saint-Michel*, et probablement de *la Tranfiguration* et de *Saint-Mor* (1).

Un de ses chapelains desservait la chapelle du couvent « le Roy saint Louys en la pourosce Saint-Nicolay» *extra muros*, couvent dont M. Guesnon a publié le sceau au bas d'une pièce de décembre 1328 (2).

« L'an 1478 le Chapitre obtint du Pape Sixte IV une bulle pour réunir les revenus des cures de Saint-Nicolas-sur-les-Fossés, de Saint-Aubert, de Saint-Nicaise et d'Ablain-Saint-Nazaire à la Manse capitulaire, pour être emploies à l'usage et l'entretien seulement des vicaires et des enfants de chœur, à la charge que ce revenu serait partagé en deux portions égales.

Regnault de Hesèque s'opposa à l'exécution de cette bulle, si elle a eu lieu, ce n'a été qu'en partie et pour peu de tems (3) ».

« L'an 1479 le revenu de la cure paroissiale de Saint-Nicolas sur les Fosséz fut donné à ferme pour quarante écus par an (4) ».

En 1489, le 17 septembre, à la procession générale qui eut lieu à l'occasion de la pu-

---

(1) Renseignement fourni par M. Guesnon.

(2) *Sigillographie de la ville d'Arras*, planche XV n° 6 et page 30.

(3) Le Père Ignace, *eodem loco*, page 166.

(4) Le Père Ignace, *eodem loco*, page 166.

blication du traité de paix d'Arras « fut porté le fierte de monsieur Saint-Adrien, appartenant à l'église Saint-Nicolas sur les Fosséz », l'une sans doute des principales reliques de la Ville (1).

En 1492 Saint-Nicolas dut contribuer à l'emprunt fait aux églises paroissiales, pour satisfaire aux exigences des lansquenets, le Mémorial échevinal de l'époque porte à ce sujet.

Emprunt de vaisselle fait aux églises pour secourir au prest fait par les habitants de la Ville aux gens de guerre.

« Pour ce que les deniers des deux prestz montant à XXII^m livres quil a convenu faire par les habitans de la Vile servie aux capitaines et gens de guerre y estans pour le Roy notre sire le Roy des Romains et monssieur l'archiduc Philippe son filz pour le payement de leur gaiges et sauldées, ne pouvaient satisfaire audit payement, et quil en restait encoires IIII^{m}V^c livres ou environ, pour lequel restant assiette avait esté faite sur les habitans, qui ne se povoit se sçavoit recœuller hastivement, et que a grand clameur et regret du peuple qui fort usé et traveillie tant pour le gouverne desdis gens de guerre qui commença le Ve jour de novembre dernier passé, jusques à huy, comme pour les aultres assiettes desdis XXII^m livres, et aussi les pilleries qui ont esté faites à la réduction, et surprinse de

(1) Mémorial de 1484 à 1493, f° 72

ladite Vile et Cité, messieurs les eschevins en nombre, ont eu sur ce conseil et adviz, ordonne que aux églises paroissiales de ladite seront empruntez les joiaulx et vaisselle d'argent qui ne sont begnis ne sacrez et esquelz ne sont enchassez aulcuns sanctuaires et dignitez, et que des parties que les manegliers desdites églises bailleront et délivreront leur seront baillés lettres soubz le contreseel du seel aux causes de ladite Vile pour rendre et restituer cy-aprez auxdites églises, par ladite Vile et sur les deniers commus dicelle lesdis joyaulx et legues de vaisselle d'argent, en telles espesseurs, façon et poix quelles seront délivrées à ladite Vile. Fait le VIe jour de décembre lan mil IIIIe IIIIxx et XII par messieurs les eschevins en nombre asscavoir Jehan de Beauffort, Jaques de Jaspar le Borgne, Jehan Grenet, Jehan Boucault, Jehan Caulier, Jacques Berthoul et Robert Courcol, eschevins. » (5).

Les Mémoriaux portent encore, touchant une chapelle contiguë à l'église Saint-Nicolas, et à édifier sur le flégard de la Ville :

Grasse et congié baillé aux marglisseurs et parochiens de l'église Saint-Nicolas sur les Osséz.

« Sur la requeste faiste par les marglisseurs et parochiens de l'église parochiale de Saint-Nicolas sur les Fossez de pooir faire et édiffier une chappelle sur le flégard

---

(5) **Mémorial de 1484 à 1495**, f° 108

de le Ville auprès du clocquier de ladicte église en allant vers le presbitaire pour faire lequel ouvrage convenait faire une nouvelle montée. Oy l'advis de monsieur le gouverneur et les officiers de monsieur en ceste dite Ville touchant ladite requette et tout rapport de messieurs les eschevins, mesdits sieurs en nombre en enssuivant le consentement baillié par messieurs les officiers ont consenty et consentent aux marglisseurs et parochiens de ladite église de Saint-Nicolas sur les Fossez pour autant que peult touchier à le Ville quilz puissent faire l'ouvraige mentionné en ladite requette à condicion et pour ce qu'ilz seront et ont promis préalablement de faire la nouvelle montée aussy bonne souffisant et aussy assyene de mener artillerie sur la muraille de ceste dite Ville que estoit et est la vieille et anchienne montée du tout aux frais et despens desdits marglisseurs et parochiens. Fait le XXIIIe jour de may année mil IIIIe IIIIxx et dix-huit » (1).

« En 1519 le seigneur de Barly pria le Chapitre de permettre que la messe appelée de *missus* fut célébrée cette fois le mercredi des quatre-tems de l'Avent dans l'église de Saint-Nicolas sur les Fossez. et d'y représenter pendant la messe le mistère de l'Annonciation de la Sainte-Vierge; le Chapitre l'accorda » (2).

---

(1) *Mémorial* de 1495 à 1508, f° 69, v°.
(2) Le Père Ignace, *Additions*, tome II, p. 117.

« L'an 1521 les députés du Chapitre mirent la première pierre à un travail exécuté à la même église de Saint-Nicolas, et ils firent présent au nom du Chapitre de trente philippeaux d'or (*philippos aureos*) » (1).

« En 1544 les paroissiens de Saint-Nicolas furent obligés, on ne sait pour quelle raison, dit le Père Ignace, de vendre une partie des ornements de leur église. Ils furent achetés par Guillaume de la Ruelle, abbé du monastère de Mont-St-Eloy » (2).

La coutume d'enterrer dans les églises, « lieu fait pour les vivants et non pour les morts », comme le disait saint Vaast, ne se généralisa qu'au XVIe siècle, mais beaucoup de ces inhumations s'y faisaient antérieurement, témoins les épitaphes suivantes relevées par Le Febvre, sieur de Blairville (3) dans la seconde église Saint-Nicolas sur les Fossés où elles furent transportées après la destruction de la première dont nous traitons actuellement.

Et cette prérogative que l'église reconnaissante octroyait spontanément à ses bienfaiteurs pouvait être accordée non-seulement aux puissants barons, mais encore aux simples bourgeois :

« Cest icy la déclaration des épitaphes, armoiries, verrières de l'église Saint-Nicol-

---

(1) Le Père Ignace, *Eodem loco*.
(2) Le Père Ignace, *Mémoires*, tome II, p. 330.
(3) *Manuscrit du XVIe siècle, n° 328 de la Bibliothèque municipale.*

las sur les Fossez, attendu qu'elle estoit partie ès fossez de la Ville tenant la porte et maintenant en son estre.

« Au commenchement de la chappelle de saint François :

« Cy gist noble damoiselle madamoiselle de Mailly du Lossignol, Bours et de Baillencourt, dame de feu monseigneur Collart sieur de Mailly de Beaufort en Santers et du Plois qui trespassa à la journées d'Azincourt, desquelz sieur et damoiselle sont issus monsieur Collart de Mailly, lequel après qu'il eust esté chevalier ladite journée trespassa. Jehan, escuier, sieur de Mailly qui trespassa à la journée de Monbon Vimeu, Jehan sieur de Mailly et de Beaufort en Santers, de Moiencourt et de Bours ; Anthoine de Mailly, chevalier sieur de Boulencourt et de Lossignol, deffunct Marie de Mailly demiselle de Dominart sur la Lis et Jenne de Mailly, religieuses de Pons-St-Maxence, et Jenne de Mailly, dame de Beaumetz et de Coullemont et aultres, leurs frères et enffans estans en cette représentation, laquelle trespassa le VI° jour de septembre, l'an mil IIII° XVI. Priez Dieu pour leurs âmes. (En bois). Estans l'effigie des hommes tous armés avec la marcq d'armoiries. » (Armoiries).

« Hues du Bois, bourgeois d'Arras, mil IIII°XX (En bois) ».

« Guillaume, au jour de son trespas eschevin d'Arras et damoiselle Isabel Damons sa femme, lesquelles trespassèrent, est assavoir ledit Guillaume le VIII jour de

l'an mil IIIIᶜXXI, et ladite Isabel. . . .
(En marbre). »

« Cy devant git nobles personnes Jehan de Warluzel en son temps seigneur de Martigny-lez-Jongleux. . . . et damoiselle Anthoinete de Carnin, sa femme, laquelle damoiselle at fondé . . . . . . l'an 1444 » (En cuivre).

« Cy devant gist noble dame madame Marie de Mailli, dame oudit lieu de Mailly en Lossignol de Bours et de Boullencourt, laquelle pour le salut de son âme a parfait plusieurs fondations. 1452 (Armoiries. — Marbre). Exhumée lors de la démolition de l'église, cette bienfaitrice fut réinhumée dans l'église actuelle.

« Cy devant cette représentation estant taillée en pierre gist damoiselle Isabel Cardon qui en son temps dut espouser trois maris dont le premier fut honorable homme Pierre Lioinne ; le second Hues de Wavrans et le tiers Colart Lantier, laquelle trespassa le XXIIᵉ jour de may l'an mil IIIIᶜLV. Priez Dieu pour leur ames, et sont pareillement taillées telles armoiries, l'effigies des hommes sont armés. »

« Cy gist sieur Robert de Wailly, eschevin d'Arras failly par mort quy sur chacun prend cours du mois de mars es darain jours mil IIIIᶜ et tout à point septante et ung, Dieu lui pardoingt. Puis demiselle Marguerite le Conte, sa femme fut quitte en payant à telle mort l'opprobre le XXIIIᵉ d'octobre l'an mil IIIIᶜL. Priez Dieu qu'il leur doingt glore triomphant en paradis (Armoiries) ».

« L'épitaphe de Laurent Losois bourgeois d'Arras, damoiselle Catherine Descouleurs sa femme. 1471 (En bois). »

« Cy devant gisent les corps de deffunct Jehan Desmolen en son vivant économe et conseiller au siège réal de la prévosté de Bauquesne. Demiselle Jenne Bois, sa première femme, et demiselle Marie de Rincheval, sa seconde et dernière femme quy trespassèrent, est assavoir ladite Jenne le IIIIe jour de may l'an mil IIII^{c}LXXV, la dite Marie le XXe jour d'août mil IIII^c IIII$_{xx}$ III et ledit Desmolens le XVe jour de septembre en suivant. Priez Dieu pour leurs âmes. »

« Pierre de Bonnières natif de Frevench host de l'écu de France mourut en 1478 (En marbre). »

« Mathieu Legrand, cordonnier et bourgeois d'Arras 1478. Marie de Richebourg, sa femme eurent ensemble IIII fils et III filles. »

« Cy gist Pierre de Berzé, greffier de l'élection d'Artois, bailly de Brebières, trésorier de monsieur de Bugnicourt lequel mourut le 27e de décembre 1479, après avoir ordonné par son testament estre célébré en cette église quatre obitz par an, assavoir, au 27e des mois de mars, juing, septembre et décembre desquelz en sont chargiez Jacques Goubet et Périne de Berzé sa femme. »

« Cy devant cette représentation gist

corps de Jehan de le Porte, honorable et et bon marchand natif de ceste Ville d'Arras, lequel termina son corps . . . . . d'aoûst l'an mil IIII^c IIIIxx, et auprès de luy gist damoiselle Michelle Gontier, son espouse natif de Béthune de laquelle est dix enfans. Depuis paya son deu de la mort le XXe jour de septembre l'an mil V^c et IX. Priés pour leurs âmes ». (En pierre).

« Nicolas Denis, bourgeois marchand, et demiselle Marguerite Douchet, sa femme, 1482. »

« Nicollas Bourgeois, bourgeois eschevin et demoiselle Barbe Grégore, sa femme, 1487 et 1495. »

Jehan de Barly et Michielle Fatou, sa femme, ont eu 4 fils et 6 filles. 1489. »

« Nicollas Lanssel, bourgeois, torssier, morut 1489. Marie Segard, sa femme. »

« Honorable homme Nicollas de Glen, eschevin de ceste Ville et seigneur de Ranssart, et damoiselle Jenne de Gauchin, sa femme. 1492. »

« Adrien de Larue, bourgeois d'Arras, damoiselle Catherine Fatoul, sa femme, l'an 1493. »

« Jehan Merchier et Tasset Lepré, sa femme, ont eu ung fils. 1493. » (En bois).

« Jehan Fouquier, marchand, morut 1494, demiselle Anne Bourgeois, sa femme. (En marbre). »

« Le second jour d'aoust, l'an mil V^c XXV termina de vie par mort, noble homme Pierre de Pienne, seigneur de Simencourt, pour lors eschevin de la **Ville d'Arras**, et fut porté en terre en l'église Saint-Nicolas sur les Fossez, par les sergents à **verge**, leur fut payé pour leur sallaire XXII. S. VI. deniers (1). »

« Le sabmedy XXIIII⁰ jour de febvrier termina de vie par mort Anthoine Obry, eschevin d'Arras, fut porté en terre par les six sergents a verge en l'église Saint-Nicolas sur les Fossés, leur fut payé pour leur sallerre ung karolus d'or de XXIII. S. » (2).

« Cy devant gist Guillaume de Belvalet, estant natif de la **Ville de Saint-Pol** et François du Bosquet aussy estant natif de la **Ville de Lille**, en son temps eschevin de la ville d'Arras, en leurs vivans marys de la damoiselle Catherine Bertoul et aussy François du Bosquet, fils dudit François, lesquelles trespassèrent, assavoir ledit Guillaume en l'an mil Vᶜ et IX ou mois de mars et ledit François le jour de Saint-Andrieu XVᶜXXXIIII et ledit François trespassa le XXVII jour d'aoust mil Vᶜ XL et ladite damoiselle termina de ce monde le XXIIII⁰ jour d'apvril an mil Vᵉ LXIII. Priez Dieu pour leurs âmes. »

« Droit devant ceste épitaphe gisent les corps de nobles personnes Anthoine du Fresnoy estant en son temps lieutenant général de M. le Gouverneur d'Arras et de Françoise de Forest, sa femme, lesquelz

---

(1) Bibliothèque communale. *Manuscrit* n° 193, f° XX⁰, v⁰.

(2) *Même manuscrit*, f° XLII, v⁰.

ont païé le deue de la mort, assavoir le 1ᵉʳ ou l'homme le premier jour d'octobre XVᶜXXXV et ladite de Forest le XXVI doctobre an XVᶜ et XXIX. Vous lisans. priez Dieu pour leurs âmes et aultres trespassez quy puissent avoir au roiaulme céleste repos. » (Est en bois). (Armoiries).

De Blairville a également conservé la trace des donations et fondations suivantes :

« Loing de l'huys par où sortent les possessions. y est une verrière donnée par Guy de. . . sieur de Bergues. . . . et demiselle Oresprée, sa femme, mil VᶜIX. »

« Sieur Pierre Godart, prestre chanoine de Nostre-Dame d'Arras, at fondé XCᶜXXV. (En cuivre). »

« Fondations des nobles personnes Cyprien de Montmorency sieur de Barly et demoiselle Marie de Markais, sa femme et de. . . . 1528. »

Complétant ce que dit l'épitaphiste, un compte de fabrique de Saint-Nicolas sur les Fossés pour 1637 apprend que l'ancienne église avait reçu pour certaines fondations, des donations « d'Anthoinette de Carnin, vefve de Jan de Warluzel, sieur de Montigny » et de Claude des Cordes vefve de Jan de Markais, sieur de Villers. »

A la suite des luttes sanglantes engendrées en Artois par les rivalités de François Iᵉʳ et de Charles-Quint, des pillages de la soldatesque sans discipline et souvent sans solde; en expectative aussi de la guerre religieuse que faisait craindre la réforme de Luther, on résolut de compléter le système de défense d'Arras toujours menacé et d'embastionner la porte Saint-Nicolas, afin d'y avoir « une plate-forme pour commander puis les maretz Saint-Michiel jusqu'à la porte d'Hagerue qui estoit quasi à moitié de la Ville ». (1).

Différentes fois l'empereur Charles-Quint l'avait conseillée, taxant de négligence les bourgeois qui, ne l'exécutant point, restaient exposés aux « continuelles practiques et machinations des ennemis Francoys », journellement occupés à « traffiquer chose à la ruyne et surprinse de ladicte Ville et Cité d'Arras ».

Pour ce faire, force devenait de supprimer la vieille église « parochiale Saint-Nicolas sur les Fossés, assize partie dedans le boulaire de le porte et sur le rempart, ou il n'y avoit rempars ne flans, ni moïen d'en faire pour les édifices et rues. »

Cette décision fut prise, quoiqu'il en coûtât ; et, commencés le 8 juin 1557, les travaux se poursuivirent sans relâche avec une grande activité. Et de l'antique édifice, comme du temple de Salomon, il ne resta plus de pierre sur pierre, pas même dans les souterrains du bastion, ainsi que *de visu* le Père Ignace l'a parfaitement constaté, ainsi que le porte le Manuscrit n° 1002 de la bibliothèque municipale où on lit : « L'église de Saint-Nicolas sur les Fossés, qui

---

(1) Requête du 22 juin 1554. *Inventaire des chartes de la ville d'Arras*, par M. Guesnon, pages 398 et 399.

avoit été fort endommagée des guerres, fut démolie de fond en comble » (1), et ainsi qu'on peut encore le constater aujourd'hui.

Les matériaux qui, avec ou sans retaille, auront pu être réemployés, seront sans aucun doute entrés dans la construction de l'église actuelle.

---

(1) Page 132.

SECONDE PARTIE
—

ÉGLISE NOUVELLE

1557 à 1885

PREMIÈRE PÉRIODE

(1557 à 1793).

> « Cette église est digne d'étude pour les souvenirs qu'elle rappelle, pour les discours qui, à une certaine époque furent prononcés dans sa chaire : elle est digne d'études enfin, comme ayant seule survécu à nos sanglantes révolutions. »
> D'HÉRICOURT.

La destruction de l'ancienne église Saint-Nicolas-sur-les-Fossés, nécessitait l'édification immédiate d'une nouvelle; marguilliers et paroissiens se concertèrent à ce sujet. Un terrain fut acheté au centre de la paroisse, à l'extrémité de la rue de la Housse, en face le point de jonction de la rue de l'Hermite et de celle de l'Escu de France (actuellement rue Saint-Nicolas). Le propriétaire de ce terrain, Hugues Lentailleur, bourgeois d'Arras, le céda à prix coûtant. Puis le propriétaire de la maison achetée par Réné Cholet, argentier de la Ville, donna le terrain pour faire une partie de la nef et du croisillon de droite à condition d'avoir un banc particulier près du chœur» et d'être, lui et ses hoirs, gratuitement enterré dans l'église (1).

François de Richardot, l'éloquent évêque d'Arras, posa la première pierre ; le Chapitre offrit 30 philippus d'or, fit remise aux paroissiens des « revenus de deux années de la cure, qui devaient retourner au profit du Mandé des pauvres, *mandatum pauperum*, à la charge d'employer cette somme pour la construction du chœur » (1564) (2), contribua pour la somme de trois cents livres à laquelle il avait été provisionellement condamné par le Conseil d'Artois (1565) (3) au payement des travaux de ce même chœur « *capitulum condemnatur per provisionem conferre ad constructionem chori Sancti-Nicolai super Fossas 300 lib.* » enfin le Magistrat renonça à ses droits seigneuriaux par délibération dont la teneur suit :

Don de droits seigneureaux à l'église Saint-Nicollas.

« Sur la requête présentée à messieurs

(1) Le Père Ignace, *Dictionnaire*, tome III.
(2) Le Père Ignace, *Additions*, tome II, page 87
(3) Le Père Ignace, *Eodem loco*, page 61. — Théry, *Répertoire des Privilèges du Chapitre*, fol. 168, v°.

maieur et eschevins de la Ville d'Arras dont la teneur senssuit. Remonstrent en toute humilité les manegliers et paroissiens de l'église Saint-Nicollas sur les Fossez en ceste Ville d'Arras, comme il soit que passé longtemps et du vivant immortelle mémoire lempereur Charles que Dieu absolve évist ordonné faire desmolir la dite église pour la plus grand forteresse et tuition d'icelle Ville, laquelle ordonnance auroit esté continuée jusques ad présent voeullant par le Roy notre sire estre effectuée comme il est notoire, dont à l'effect que dessus les dis remonstrans bien perplex de cette désolation se soit congrégiez par pluiseurs et diverses fois pour trouver moien avoir plache et lieu pour y pooir construire une église à honneur de Dieu pour y célébrer le service divin a l'entreténement des fondations y estant. Ce qu'ilz ont trouvé par le moien de bonne voeulle de Hughes Lentailleur votre bourgeois, lequel meu de pitié et de bonne dévocion auroit libéralement offert sa maison, court, jardin et héritage ou il est de présent demeurant pour les maismes deniers que le tout luy auroit cousté estimée parmi et comprins aucuns planquages, hucheries et autres moeubles qu'il laisse à la comodité desdits paroissiens à lestime de quatre mil quatre cens florins ou environ sans en ce touchier a cent Philippes d'or qu'il dist surporter à dessir rassir et transporter pluiseurs moeubles d'icelle maison a cotté ou il entend aller demourer le tout francq denier. A ceste condition et en contemplacion que lesdis remontrans, supplient que leurs voeuillez quicter les droix seigneuriaux de la dite maison et plache qu'il leur conviendrait. Ensamble, consentement de volloir pourchassier l'admortissement dicelle vers ceulx qu'il appartiendra si ferez bien. Mesdits sieurs en nombre, pour les maisons contenues en cette requeste ont donné ausdits supplians pareille somme à quoy portèrent les droix seigneuriaux de l'achat de la maison de Hughes Lentailleur pourveu et si avant que icelle soit employée à l'édiffication de l'église Saint-Nicollas. Mais s'il en y avoit quelque porcion de la dite maison et jardin apliqué à quelque louage oultre l'érection dicelle église, en ce cas ladite Ville prouffistera desdits droits seigneuriaux. Et au regard de l'amortissement lorsqu'ilz auront le consentement du Roy Mesdits sieurs pour la dite Ville le consentent en leur endroist à cherge que lesdits supplians seront tenus de faire chanter chacun an une messe sollenpnelle pour la prospérité de Sa Majesté et de la Ville, A tel jour qu'il sera lors advisé et convenu. Fait en chambre du conseil par messieurs en nombre, le VI° jour d'octobre XV° et LXV (1). »

En 1580 le Magistrat vint encore en aide aux paroissiens de Saint-Nicolas, témoin la délibération suivante, curieuse surtout en raison des détails topographiques y

(1) **Mémorial de 1545 à 1576**, fol. 368, v°).

fournis sur les lieux avoisinant l'église nouvelle :

Don fait pour le parchévement de là nouvelle église de Saint-Nicollas d'une certaine somme de deniers aveuc d'aucuns droix seigneuriaulx.

Sur diverses requestes présentées tant de bouche comme par escrip à messieurs de ceste Ville par les curés, manegliers et paroissiens de l'église de Saint-Nicollas remontrans que pour le parchèvement dicelle leur nouvelle église au lieu de l'anchienne que par ordonnance de Sa Majesté ilz auraient esté constrains démolir et abattre pour meilleure fortresse du bollvairch de Saint-Nicollas leur avoit convenu achepter la maison de Lhermite bien chier et audit parachèvement exposer grandissimes deniers à quoy ilz ne povaient plus satisfaire pour avoir le tour franc pour commenchement dicelle église requérans mesdis sieurs leur volloir quicter les droix seigneuriaulx deubz à ladite Ville pour raison dudit achapt, mesmes leur volloir donner le premier effect de sergentesse à vergue et courtaige de vin quil escheroit à la dite Ville ou bien les deniers procédans de la vente faite d'un office de ferrage de saie revenu au proufict de la Ville par le trespas de Jacques Le Jonne, offrans en se faisant délaisser portion dudict héritage de Lhermitte pour agrandir la ruelle contigue d'icelle maison mêmes la thirer à droicte ligne pour soy venir rendre à ung coing escochant de la vieille ruelle de la maison du fournier prez des bouteilles selon certain pourtraict et platte forme par eux exhibé et les ficquerons plantez en la présence des commis de mesdis sieurs. Lesquelles requestes veues et bien considérées par mesdis sieurs et pour les causes reprinces par icelles a eux bien cognues et nottoires ilz auraient nonobstant que la dite Ville ayt bien affaire de deniers pour les grands arriérés esquelz elle se retrouve et des charges quy luy incombent journellement à cause des guerres cruelles, ilz auroit consenty et accordé ausdiz supplians quilz puissent et pourront prendre et avoir sur les deniers procédans de la Ville qui se fera au prouffict de la dicte Ville des premiers offices qui escherront à icelle soit de sergeantisse à vergue de couretaige de vin ou de ferraige de saies la somme de trois cents livres de . . . . . . la livre de laquelle somme en tant que mestier est ilz leur en ont faict don par ces présentes ledit cas advenant. Oultre et pardessus la remise et quictement quilz leurs ont faicte des droix seigneuriaulx deubz à la dite Ville à cause de lachapt de la dite maison de Lhermitte pourveu et à condition que lesdis supplians seront tenuz laisser au prouffict dicelle Ville rue et passaige spacieux de quinze piedz au travers dudict héritage de Lhermitte allant retrouver à droict ligne le boult de l'anchienne ruelle a lescochement du coing de la maison du fournier prez des bouteilles et aussy quilz laisseront au prouffict de la communaulté parvenans allencontre de leur héritaige le puich de la dite maison de Lhermitte haboutant sur la dite nœuve rue par le moien de quoy le vieil puich estant en icelle rue des bouteilles quy pourroit préjudicier au charroy pourra estre estainct et aboly, sy délaissent mes dits sieurs au prouffict de la dicte église aucuns flegards et reculetz de l'anchienne ruelle pour par la ditte église en faire son prouffict sans néantmoins incommoder aucuns de ceulx ayans yssues et passaige ausdit endroit, le tout en conformité du portraict et platteforme pour que exhibition et des ficquerons plantez en la présence des commis de mesdits sieurs. Ainsi faict en chambre de conseil, le XXIIIe jour de mars XVe quattre vingt et deux. (1). »

Enfin la fabrique aliéna le produit des donations et fondations à elle faites anciennement (notamment par Marie de Markais, Anthoinette de Carnin et Claude des Cordes), afin de le consacrer à la réédification de l'Eglise.

On lit en effet au compte de 1637 :

« Renseing des rentes héritières ayant appartenus à la dicte église, lesquelles ont esté vendues pour les nécessitez d'icelle et notament pour bastir, construire et ériger la nouvelle église en laquelle se faict à présent le sainct service divin après la démolition de la vielle église que l'on disoit Saint-Nicolas sur les Fossez et desquelles

---

(1) Reg. Mémorial de 1576 à 1597 f° 135 v°.

auroient esté assignées pour la fundation d'aulcunes messes, lesquelles néantmoins nonobstant la dicte aliénation et remboursement d'icelles rentes, ont estées deschargées par les gens d'église et chapelains a ce commis selon que cy après apparoistras au service des messes journalières dictes et célébrées durant l'année de ce compte.

Quant à cincquante livres dix solz que debvoit la dicte Ville d'Arras que feu damoyselle Marye de Markais, vefve de Cyprien de Montmorency, sieur de Barly, avoit donné à la dicte église tant pour la fondation de la messe du jour comme aultrement icelle a esté vendue à Jan Boucault l'aisné, drappier, demeurant à Arras, et les deniers en procédant employez aux ouvraiges d'icelle église à la charge d'entretenir icelle fundation ce que se mect icy.

Renseing.

Quant aussy à dix-nœuf florins dix solz de rente héritière au rachapt du denier seize que debvoit à la dicte église Franchois de la Tramerye, escuyer, sieur de Nœufville, Saint-Vaast en partie, et douze livres dix solz de pareille rente héritière que debvoit Robert Coroier, au lieu de Robert son père, procédentes les dictes deux rentes de don faict à la dicte église par damoiselle Anthoinette de Carnin, vefve de Jean de Warluzel, vivant sieur de Montigny pour satisfaire à la messe du jour, icelles rentes ont esté vendues sy comme celle de douze florins dix solz à feu Nicolas

Bourgeois, et celle de dix-nœuf livres dix solz remboursé comme appert par le compte-rendu l'an 1584 icy. (1)

Renseing.

Au regard de quarante livres de rente données à la dicte église par deffuncte damoiselle Claude Descordes, vefve de noble homme Jan de Markais, sieur de Villers, tant pour l'augmentation de la dicte messe du jour que de deux obits par elle fondées les deniers principaulx portans à six cens florins, auroient aussy esté remboursé par noble homme Claude de Carnin, sieur de Saint-Leger, gendre de ladite damoiselle Descordes, et les deniers emploiez comme dessus, icy.

Renseing.

En tant que touche cinquante florins de rente héritière quy auroient esté donnés à la dicte église par Pierre de la Comté en quoy estoit obligé vers luy le corps et communaulté de la dicte ville d'Arras pour furnir à certaine fondation par luy faicte d'une messe basse par chacun jour de l'an. Item deux obitz avecq certaines aulmones comme de tout font foy les comptes précédents laquelle dû depuis aurait esté vendue par l'advis des paroissiens à Jacques du Bosquet, sieur Descoutures pour aider à payer les ouvraiges et reddifications d'icelle église a condition toutefois que lesdicts

---

(1) Compte de 1637, f° XI, v°.

manegliers et paroissiens feroient effectuer les charges avant dictes, icy néant.

VIIe somme, partant néant. »

Sous l'habile direction de Jacques le Caron, architecte, constructeur du beffroi d'Arras et de la belle église de Vaulx, les travaux se poursuivirent si activement qu'en 1567, ainsi que l'atteste la date de la clef de voûte du portail latéral de gauche, les murs s'élevaient déjà à cette hauteur ; et que, quatre ans plus tard, en 1571, l'église se trouva, sauf le ravalement, si complétement terminée, que François de Richardot en fit la dédicace le 3e dimanche de septembre. « *Mensis septembris Dominicâ tertiâ Atrebati parœciale B. Nicolai templum, nuper instauratum, abs Reverendissimo Domino Francisco Ricardoto, Episcopo sacro ritu initiatur* » (1).

La nouvelle église conserva le vocable de l'ancienne, de même que sa qualification que ne justifia plus son emplacement, et qui ne servit plus qu'à la distinguer de l'église *Saint-Nicolas-en-l'Atre*, sise dans le cloître des chanoines en Cité.

Examinons d'une manière analytique, extérieurement et intérieurement, l'œuvre de le Caron.

Du plan des Ville et Cité d'Arras, soigneusement dressé par Dessailly, en 1704, il résulte, qu'après Saint-Géry, l'église Saint-Nicolas était la plus importante des

---

(1) Locrius, *Chronicon. Belgicum*, page 649.

églises paroissiales ; que, bâtie en forme de croix latine, elle mesurait 27 toises de longueur sur 12 de largeur, et 16 à la croisée, l'ouverture des bras de croix étant de 5 toises 1/3 ; et que l'on y accédait par trois portes : le grand porche, le petit porche du bras de croix de la nef de l'évangile donnant sur l'impasse de la rue de la Belle-Image, en face de celle du Presbytère-St-Nicolas, et « la portelette » du bras de croix de la nef de l'épître, donnant sur l'impasse de la rue du Saumon. La baie bouchée de cette « portelette » est encore très apparente aujourd'hui.

Formée de trois nefs ayant chacune leur toit, l'église présentait au portail trois pignons, le central plus large et plus haut que les deux autres ; au-dessus de celui de droite s'élevait la tour en pierre de taille, « surmontée d'une flèche en bois haute d'environ 30 à 40 pieds (1), » dont, avec certaines variantes, on peut voir la forme dans le plan en relief d'Arras aux Invalides, le tableau de Van der Meulen, au Louvre, représentant *l'entrée de la Reine à Arras en 1667* ; et les vues perspectives d'Arras, l'une à l'huile, appartenant à l'Académie, l'autre, à la gouache, appartenant à la Commission des Antiquités départementales, vues évidemment faites d'après nature.

Loin d'être une simple pyramide ainsi que l'ont représentée certaines œuvres de

(1) Le Père Ignace, *Dictionnaire*, tome III.

fantaisie, cette flèche, avait à sa base une sorte de lanterneau octogonal, coiffé d'une calotte hémisphérique, supportant un autre lanterneau plus petit, de même forme, au-dessus duquel s'élevait la partie pyramidale. Autour du lanterneau inférieur régnait une balustrade couronnant le haut de la maçonnerie de la tour.

Le pourtour de l'édifice contrebutté par quelques jambes de force engagées, n'avait pour ornementation qu'une série non interrompue de corbeaux sous la corniche.

Les trois pignons du portail étaient flanqués de quatre contre-forts, dont les deux du milieu se terminaient par des pinacles adossés à crossettes, et se trouvaient ornés d'une niche avec cul-de-lampe et baldaquin.

Au-dessus du porche était une autre niche, au-dessus encore et vers le faîte, une croix inscrite dans une circonférence, au-dessous de laquelle se voyait la date 1584. Le porche s'ouvrait en anse de panier et sans pied droit.

Ensemble assez pauvre, assez raide, que rachetait un peu sa fenestration, composée de vingt-deux croisées ogivales, rosacées, de style flamboyant. Savoir cinq à l'abside du chœur, ayant chacune un meneau. Une au fond de chaque nef latérale, avec trois meneaux. Deux à chaque nef avant d'arriver à la croisée, avec cinq meneaux. Une à chaque bras de la croisée. Quatre à la nef de droite. Trois à la nef de gauche. Une à chaque pignon des nefs latérales, ayant toutes trois meneaux Peut-être même conviendrait-il d'ajouter une vingt-troisième fenêtre au grand pignon, laquelle avant d'être aveuglée, aurait eu également trois menaux et une rosace.

Ainsi percée et ajourée, l'église était aussi ruisselante de lumière qu'était probablement sombre celle qu'elle remplaçait.

A l'intérieur, les nefs de largeur inégale, celle du centre étant plus considérable que les deux autres, avaient la même hauteur; elles étaient soutenues de chaque côté par sept piliers cylindriques, flanqués chacun de quatre colonnettes engagées, sur lesquels retombaient des arcatures ogivales. Ils étaient sans chapiteaux, les colonnettes devant se prolonger en arcs doubleaux et s'irradier en nervures sous les voûtes, provisoirement remplacées par un plancher à compartiments, avec poutres et poutrelles; le tout couvert d'arabesques et de rosaces polychrômes, dans lesquelles dominait le bleu. Pour plus de décoration et de solidité, en regard de chaque pilier se trouvait un autre pilier engagé dans la muraille. Par ses belles proportions intérieures, leur harmonie générale et la parfaite entente des lignes, l'édifice satisfaisait autant l'œil que l'extérieur lui laissait à désirer. Au haut de la nef de l'épître, se trouvait la sacristie, dont la voûte en plein cintre avec arcs doubleaux et nervures diagonales moulurées, était à double travée.

Un passage de Locrius nous a déjà appris qu'un autel était dédié à saint Antoine.

Les épitaphistes Le Febvre de Blairville, et Le Febvre d'Aubrometz, attestent qu'un deuxième autel se trouvait sous le vocable de « Monsieur saint François. »

De l'épitaphier de M. d'Havrincourt il résulte que dans la nef « du côté de la Grand'Place » était un troisième autel consacré à sainte Véronique.

Les registres de catholicité de la paroisse révèlent de plus qu'il y avait un quatrième autel dont parle aussi d'Aubrometz, sous le patronage de la T. S. Vierge (1) et un cinquième sous celui de saint Roch (2).

Au-devant de l'autel de la Vierge fut placée à certaine époque que nous ne saurions préciser, une couronne de cuivre de quelque importance sans doute; le compte de fabrique, en effet, de 1637, porte « payé à Jacques Philippe pour avoir recuré et nettoié la couronne de cuivre posé devant l'autel de la Vierge, donnée par M. Bouquel, chanoine de l'église de Notre-Dame d'Arras, par accord fait XXIIII^sII (3). »

D'Aubrometz donne aussi du maître-autel, qui, substitué au maître-autel primitif, existait en 1635, la curieuse description que voici :

« Au pied de la Table d'autel du chœur

(1) Acte du 12 janvier 1710.
(2) Acte du 24 novembre 1691.
(3) Archives départementales.

d'icelle dicte église paroissialle, qui est enrichie de quatre colonnes de Jaspe, ayant en son chapiteau le Seigneur Dieu portant sa Croix et au-dessus des colonnes diverses pièces de la Passion de Notre-Seigneur et Rédempteur Jésus-Christ, le tout taillé en bosse, avec aussi mesmement la représentation de donateurs qui sont aussi vestus en bosse, sçavoir : l'homme vestu de cotte et tunique d'armes, et la femme accoustrée au manteau d'armes, tous deux à genoux fleschis, et au bout de la dicte Table les armes de Crux, du surnom de Croix, qui sont *au fond d'argent a une Croix surtout d'azur* et portant icelluy armoirie timbrée sur... et au fond de la mesme Table d'autel qui est de platte peinture fait par le tout excellent peintre de la toutte impérialle ville d'Anvers-sur-l'Escaut, nommé Mʳ Rubens, y estant pourctrait l'histoire de.... avecq quelques autres enrichissements au beau chapiteau comme aussi au piedtement y estoit escrit le contenu que s'en suit : *Inspice et fac secundum exemplar.* Exode, Cap. 25. *Deo optimo maximo.* Noble homme Georges-le-Petit, sieur de Villers sire Simon etc..., légataire universelle de messire Allart de Croix, chevallier seigneur de Wismes, Hannescamp, Bullecourt, Liévin, la rue de Angre, etc., décédé le 20 janvier 1634. Et en mémoire du dict feu seigneur et de dame Marguerite le Petit, sa sœur, compaigne audict seigneur Décédé le unze septembre 1633, fait dresser cette Table d'autel et ont fondé une messe journallier à perpétuité avec trois obits. Priez Dieu pour leurs âmes. An 1635. »

Devant cet autel, était un «grand campdelabre », probablement en cuivre, représentant, suivant toute vraisemblance, le chandelier à sept branches décrit dans l'Ancien Testament.

Genre de candelabre qu'offraient maintes églises, notamment la cathédrale d'Arras, à laquelle l'évêque Robert en avait donné un en l'an 1125 (1), l'église Saint-Jean-en-Ronville (2), la chapelle absidale de Notre-

---

(1) « Il (Robert) fit aussi faire le grand chandelabre de cuivre qui est au milieu du chœur, où il y a sept gros cierges qui brûlent pendant qu'on célèbre la messe. » (Bibl. comm. *Manuscrit* 1002, page 29).— Terninck, *Cathédrale d'Arras*, page 49.) D'après l'inventaire des objets trouvés dans la Cathédrale le 16 juin 1791 « le pied de ce chandelier était en cuivre, le reste de fer et bois, sur lequel se trouvaient quelques vieilles pierreries » (Archives départementales, *District d'Arras, n° 200*).

(2) « Par ung jœudi XVII° jour de novembre, l'an mil V^{c}XXIIII à VIII heures du soir termina sa vie par mort noble homme et puissant seigneur messire Hue de Melun, vicomte de Gand, conseillie et chambrelin du privé conseil de l'empereur notre sire, chevalier de son ordre, gouverneur et cappitaine de la Ville et Cité d'Arras, lequel fut et est enterré au cœur de l'église de Dieu et de monsieur soinct Jehan-en-Ronville au-devant et au plus près du chandelabre dudit cœur. Dieu voeult avoir son âme en paradis ». (Bibl. comm. *Manuscrit* n° 193, fol. 14, v°.»

Dame, dans la chapelle abbatiale de Saint-Vaast (1) le grand autel de cette dernière (2).

(1 et 2) Item payet par mondit sieur comme des sus le XXIIII° jour du mois de décembre mil-IIII° XXXV à Heny Herbert, fondeur, demourant en Liège en la ville de Dignant pour ung candelabre de laicton que y cellui monsieur l'abbé a fait faire par ledit Henry, y cellui candelabre mis et assis en le dessus dite cappelle Notre-Dame, pesant VI°XXIII lib. achetté au prix de XVII lib. monnoie courant comme il estoit contenu en le cedulle de Marchiet.

Item payet par mondit sieur l'abbé comme dessus à sire Miquiel de Gand, fondeur de letton demourant à Tournay pour avoir libvré une coulombe et ung benoitier sus de letton pour servir au cœur de ladicte église à faire le benitte yauwe et qui repose et est mis devant le grant autel auprez le candelabre en che compris la voiture depuis la ville de Tournay jusquez à l'église de Saint-Vaast, la somme de XXVIII librez VII sa monnoie dicte. (Comptes de Jehan Du Clercq). 1428-1461. (F°s 3 et 8.) (Communication de M. Loriquet, archiviste).

Nous devons à l'obligeante communication de notre collègue M. de Linas, la note suivante. Elle prouve que les candelabres à sept branches se retrouvent encore en certaines églises :

Cathédrale de Milan, XIII° siècle. Il représente l'arbre généalogique de la Vierge. Bronze doré, hauteur 4 mèt. 50. (*Annales archéologiques*, tome XIX, page 64, et tome XVII, page 237).

Abbaye de Klosternenbourg, du XII° siècle, branches rapportées au XVII°, bronze. (*Mitteilungen de la Commission des Monuments historiques d'Autriche*, 1861, page 33).

Eglise des Augustins de Brünn (Moravie). Fin

Aux termes du compte de fabrique de 1637, ce « grand campdelabre » aurait été offert par Guillaume Le Mach, en 1474. On y lit en effet :

« Aultres receptes faictes par lesdits manegliers pour certaines fondations faictes à la dicte église avecq des rentes pour fournir à icelles tant sur le corps et communauté de la dicte Ville comme aultrement.

Primes.

De l'argentier de la Ville d'Arras au lieu de Charles Chabbes, escuyer, mary et bail de damoiselle Anne Ruffin, sieur de Neufville et Bourgonval at esté reçue la somme de huit florins dix-neuf solz six deniers au lieu de dix florins deux solz paiables à deux termes et paiemens tels que au vingt-septiesme de may et novembre, icelle rente procédante des deniers que feu Guillaume Le Mach donna à la

---

du XVe siècle. Laiton (Ibid. 1862, page 20).

Cathédrale de Prague. — Pied du candelabre dit de Salomon, XIIe siècle. Bronze (Ibid. 1872, page XXXIV).

Eglise Saint-Jacques, de Tournay. — Candelabre qui portait les armoiries de Sébastien Moralès, mort en 1584. (*Monographie de cette église*, par L. Cloquet, page 306).

Essen. — XVe siècle. Laiton (*Annales archéologiques*. Tome XI, page 275).

Reims. — XIIe siècle. Pied bronze.

Brunswich. — XVe siècle. Laiton.

dicte église pour l'entretenement du chandelier posé au milieu du chœur, aussi par lui donné comme appert par les lettres d'icelle rente pour ce faict et passée en datte du vingt septiesme de may mille quattre cens LXIIII, en quoy est obligé Michel Ruffin, père grand dudict Andrieu, depuis recognues exécutoires par le dict Andrieu Ruffin. Icy pour l'année de ce compte suivant la déduction du denier seize au denier dix-huict. VIII lib. XIX s. VI. » (1)

La grande sonnerie de la tour se composait de trois cloches, qui ayant été refondues en 1713, eurent pour parrains et marraines; la première, François-Ignace Palisot, premier président du Conseil d'Artois, et demoiselle de Marnix d'Angimont; la deuxième, Jean-Baptiste Dupuich, conseiller au même Conseil, et Anne le Prevost, sa femme; la troisième, Maximilien-Denis de Beaurains, écuyer, seigneur de Savie, également conseiller audit Conseil, et sa femme Françoise-Scholastique du Quesnoi, « tous domiciliés sur la paroisse. »

Vers la fin de 1719, la tour ayant inspiré des inquiétudes de plus en plus sérieuses, et un architecte qui « avait entrepris de la réparer et soutenir avec de grosses poutres de chêne et de longues barres de fer, ayant abandonné l'ouvrage », les paroissiens, réunis en assemblée générale le 2 octobre, résolurent d'en faire commencer la démo-

---

(1) Arch. départ. Reg. composé de 58 feuillets, f° V r°.

lition le 23 du même mois. Mais le 22, vers huit heures du soir, elle s'écroula « presque dans une masse », endommageant gravement l'église, sans avarier les propriétés voisines, bien que l'extrémité de la flèche se fût abattue près de la maison « où l'Ecu de France, pendait pour enseigne » ; les deux moindres cloches furent cassées, mais la plus forte resta intacte.

En 1729, le dommage causé au corps de l'Eglise, se trouva réparé au moyen d'une taxe de 8,000 livres, imposée avec la permission du Roi sur toutes les maisons situées dans l'étendue de la paroisse, et d'un subside de 2,200 livres, accordé par les Etats d'Artois.

Au lieu de se terminer par une flèche comme anciennement, la tour fut exécutée en maçonnerie jusqu'au haut, dans le genre qualifié néo-grec, si pitoyablement imaginé et si maladroitement rendu par les bâtisseurs prétenduement classiques d'alors ; la partie inférieure resta carrée et flanquée de ses contreforts; la partie médiane à pilastres doriques et triglyphes s'additionna de consoles renversées reposant sur les contreforts; la partie supérieure à angles coupés et à pilastres d'ordre ionique, se couronna d'une galerie à balustres. La date 1723 en chiffres arabes, sculptés en relief, mise à l'endroit où commencèrent les travaux de reconstruction, disparut il y a quelques années, lorsque l'on procéda au grattage de cette tour.

En 1724, le pavement fut réparé ; Messieurs de St-Vaast, contribuèrent à ce travail jusqu'à concurrence de la somme de 100 livres, les curé et marguillers de St-Nicolas, ayant eu la pensée de s'adresser à eux « anciens bienfaiteurs de ladite église comme il paraissait par les armes de l'abbaye, apposées sur les vitraux du sanctuaire » (1).

La refonte des deux cloches cassées ne s'opéra qu'en 1744. Pour compléter le métal nécessaire on y joignit le carillon. Elles eurent pour parrains le comte de Louvignies et le notaire Taillandier, marguillier en exercice.

Le mobilier de l'ancienne église fut immédiatement transporté dans la nouvelle, ainsi que les verrières, monuments funéraires et inscriptions commémoratives de tout genre, comme le prouvent Locrius et le Recueil d'épitaphes dont nous avons donné la partie antérieure à 1754.

Reprenons ce Recueil en le complétant par celui de d'Aubrometz et les *Registres de Catholicité* de l'église pour ce qu'ils citent de postérieur à cette époque.

« Cy gist noble personne, Jean de Warluzel en son temps sieur de Martigny le Jonglème Humual, etc., et damoiselle Anne Genet de Carnier sa femme, laquelle damoiselle at fondé en l'an 1555 (en vitre). » (2).

(1) *Requête adressée aux grand Prieur et Religieux de St-Vaast*. Liasse des aumônes, Fonds de St-Vaast. Archives départementales.

(2) *Epitaphier de M. le Marquis d'Havrincourt.*

« Au chœur, au-devant du grand autel, derrière le candélabre, est cette épitaphe :

Cy gist noble homme Jean du Marquais en son vivant escuier sieur de Villers quy trespassa le X jour du mois de novembre en l'an XV^{c}LXVII et eult a femme damoiselle Claude des Cordes. Priez pour son âme.

En ung marbre avecq l'effigie d'ung homme armé (armoiries). »

« Cy gist damiselle Marie Prudhomme en son temps femme a Jacques Cornette XV^{c}LXVII. »

« Guillaume Foucquier fereur de saies mort l'an XV^{c}LXIX (en bois). »

« Damoiselle Sainte-Courtoise vefve de Nicollas de Douay, et par son premier mariage Me Jehan Sauveteau docteur en medechine en juing XV^{c}LXXI. »

« Caterine de la Rue femme a Adrien Boucault morut l'an XV^{c}LXXIII. »

« Martin le Crœux, bourgeois eschevin d'Arras XV^{c}LXXVI, damoiselle Anne de St-Vaast sa femme morut XV^{c}LXXI (en bois). »

« Cy soubs gist Jean Lejosne tavernier et marchant, et demiselle Jenne Lefrancq, sa femme eurent sept fils et deux filles, demiselle Marie Blondel seconde femme eust ung fils. 1576 (en bois). »

« Est ung marbre dont est escript dessus l'épitaphe de Loys Lombart, marchant, et damoiselle Marguerite Lebelle sa femme, dacté de l'an XV^{c}IIIIxx. »

« Soubs ce marbre git honneste damoiselle Marie Sarrazin, fille de deffunct honorable homme Jehan Sarrazin, à son trespas eschevin de la Ville d'Arras, et femme de Jehan Mainfroy, marchant, bourgeois de ceste Ville, lesquelz ont esté alliés enssemble lespace de XXXIIII ans complet, et ladite damoiselle at eu d'iceluy Mainfroy comptant ledit temps nœuf fils et deux filles, et décéda icelle le XII° jour de mars XV°IIIIxxVIII et Marie Mainfroy leur fille. » (Armoiries.)

« Cy gist damoiselle Jehane de Marconville, mourut l'an XV°IIIIxxXIIII. » (En marbre.

« Pierre Bossue et Anthoinette le Fevre sa femme. . . . . ont eu XI enffans. » (En bois.)

« Loys Roche, bourgeois, marchant. » (En bois. Armoiries.)

« Cest épitaphe a faict faire sire Mahieu le Soieur, coustre de ceste église de Saint-Nicollas, en mémoire de Jehan son père et de Jane. . . . . sa mère. »

De l'épitaphier fourmillant d'anecdotes, souvent trop joviales, que le sarcastique d'Aubrometz écrivait dans la première partie du XVII° siècle, nous extrayons ce qui suit :

« Cy gisent Ponthus Payen, escuier sieur d'Essars Haustecotte, etc... et damoiselle Catherine le Hardy, sa première femme, décédés le premier le 9 mai 1609, la seconde le 8 juillet 1589, et damoiselle Margueritte Lonnel sa seconde femme, décédée le. . . . 16.. Au-dessus d'un grand marbre servant de pavement assis en la chappelle de la main droite et adossant le chœur (1). » (Armoiries.)

« Cy gissent Louis Macrez, en son temps bourgeois de la Ville d'Arras, Jehanne Philippe, Anne Morlière et Françoise Corremans, ses trois femmes avecq lesquelles il at eu 25 enfants tant fils que filles..... le dict décéda le 27 aoust 1618 et la dicte Corremans le 20 décembre 1633. »

« A l'honneur de Dieu, salut des ames de Louis Roche et de damoiselle Anne Sallant sa femme, décédés le 16 may 1623 et le 12 febvrier 1636. »

« Cy devant gist le corps de Guillaume d'Aix, qui mourut à l'aage de cinq ans le 22 octobre 1624 — en la première nef. »

« Cy gist le corps de Suzanne Ricquoi, qui décéda le 29 novembre 1629, — au beau milieu de la grande nef. »

« Le unziesme jour du mois de septembre 1632 est allée de la vie à la mort noble et vertueuse dame, madame Marie de Villers Petit baronesse de Wismes, de Hannescamps, Vuormelles, Liévin en partie et de la rue d'Angre, femme de messire Allart de Croix, chevallier seigneur desdicts lieux, — au milieu du chœur. *Armoiries coupées au milieu, en chef, d'asur à un chevron renversé d'or, et l'autre partie en pointe au champ d'argent avec un chevron de gueulle sur tout.* »

(1) Cette épitaphe est aussi rapportée dans l'épitaphier de Le Pez.

« Au chœur de l'église a été enterré un personnage qui sôy nommoit messire Allart de Croix, chevallier, baron de Wismes, seigneur de Hanescamp, Angre, Liévin, Wormelle, et de la mairie dudict Angre, décédé le 26 janvier 1634 — *au fond d'argent à une croix d'azur au mitan, ayant pour rupture une estoille d'or. Timbre sur tortinne de guerre d'une teste et col de beste nommée chammeau, qui est une espèce de beste à quatre pieds, et aussy ayant une bride de gueulle.* »

D'Aubrometz fait de ce personnage un détestable composé des sept péchés capitaux.

« Le 27° jour du mois de septembre de cet an 1634 est allée de vie à la mort, noble damoiselle Isabeau de Beaufort, au chasteau, qui fut inhumée au chœur de ceste église. — *De gueules à un chasteau avec pont-levis d'argent, à un canton droit d'asur à trois jumelles d'or.* »

« Le 13 décembre 1634 est allé de vie à la mort, Jehan Cuvillon, de Lisle en Flandre, escuier, sieur du Mortier — au milieu de la basse nef directement en dessous le clocher — *de gueulle, a une beste volant à 2 pieds nommée colimosse, qui tient en son bec un fer de cheval, le tout d'argent, et portant armoiries timbrées sur tortinne de guerre, d'un demy colimosse volant d'argent, et soustenu de deux chiens clabauts, ou mastins, de couleur roussastre.* »

« D'Aubrometz ajoute que « ce tout sage et vertueux personnage, grand joueur de palmes et de tripôt, était de son temps de la compagnie de la bande joyeuse de la Ville d'Arras. »

« Icy repose en Dieu le corps de Michel de Verhucquo, natif de la ville de Bruge, au pays et comté de Flandre flammigante, en son temps bourgeois et marchand de la Ville d'Arras, qui trespassa le 9 de novembre l'an 1635 et auprès de luy gist damoiselle.... qui trespassa le.... jour du mois de.... en l'an 16.. — *d'une face au beau milieu à trois glands de chesnes avec feuilles, un en chef et deux en pointe.* »

« Un personnage qui avait le surnom de Perroquet, décédé le 30 novembre 1835 — en la nef gauche. »

« Cy gist Anne Boucault, jeune fille décédée le quatriesme de cet an 1635. »

« Cy gist Marie Eloy, décédée le quatriesme jour du mois de décembre de cet an 1635. »

« Le quatorziesme jour du mois de febvrier an 1636, est allée de vie à la mort noble damoiselle Barbe de Croix, femme de François Penelle, escuier, sieur de la Barre, à son tour eschevin de la Ville d'Arras — enterrée dans le chœur — *escartellé 1er et dernier au champ d'argent à trois fleurs de lis de gueulles, 2 en chef et 1 en pointe, au 2e et 3e au fond de sable à une croix anchrée d'argent.* »

« Icy gist le corps de Philippe Reboue, en son temps bourgeois et marchand de la Ville d'Arras, et Marie Hucques sa femme, lesquels après avoir vécu ensemble 42 ans ledict Reboue trespassa le 16 may l'an 1637 et ladicte Marie sa femme le.... du mois de.... en l'an.... Au-dessous de l'inscription sa marque de marchand y desservant d'armoiries — nef droite. »

« Le 11 janvier 1638 est allée de vie à la mort l'honorable damoiselle Marie de Douay, fille du brasseur du Saulmon, en la Ville d'Arras, femme a aussi honorable homme Jehan Gaillart, licentié es-lois, advocat postulant au Conseil d'Arthois et aussi à son tour eschevin de la Ville dudict Arras — croisée de la nef droite — *esquartelée 1er et dernier au fond d'azur à un pal au milieu d'argent, sur lequel sont trois pesans de sinop, et 2e et 3e des armes de ceux du surnon, d'Aix d'Arras.* »

« Le 28 febvrier 1638 est allée de vie à la mort.... honnorable damoiselle Anne Catherine le Nieppe, veuve d'aussi honnorable tanneur de son stil et métier, nommé Nicolas de Douay, en lequel stil ayant acquis de grands moyens, se voit fermier des terres de la chastellenie d'Oisy, pour et au nom du roy de Navarre, prince de Bearn, Henri de Bourbon, quatriesme du nom, roy de France — *au fond d'argent à un arbre au milan de Sinope* »

« En la chapelle de monsieur Saint-François, cy gist Louis Foucquier, receveur et bourgeois d'Arras, décédé le dernier de juin 1638 et auprès de lui damoiselle Marie de Rencheval, sa femme, décédée le... »

« Le dernier jour d'août est allé de vie à

la mort monsieur Antoine Descouleurs — en la chapelle de la main droite adossant au chœur. »

« Le troisiesme du mois d'août 1639, a été enterré devant l'autel de Notre-Dame le corps de honnorable homme Jacques-Andrien de Warlincourt. »

« Cy gist Barbe le Flon, fille qui trespassa le 22e jour du mois de décembre de cet an 1639. »

Des *Registres de Catholicité* de Saint-Nicolas-sur-les-Fossés, nous extrayons également les mentions suivantes :

« 8 avril 1670. — Jacques de Warlencourt, prêtre. »

« 7 octobre 1673. — Isabelle de Lattre, vefve de feu Adrien Payen, escuier, seigneur d'Essars Haustecotte. »

« 12 décembre 1679. — Blase Palisot. »

« 25 août 1682. — Ignace de Marconnelle (chœur). »

« 24 juillet 1685. — Marie-Madeleine de Marconnelle, veuve de M. Descouleurs, conseiller au Conseil d'Artois (chapelle de Saint-François). »

« 24 novembre 1691.— Suzanne de Warlincourt, veuve de... Ponthus (chapelle de Saint-Roch). »

« 4 may 1699. — Fleuris le Bourgeois, dans le sépulcre de cette église. »

« 6 octobre 1700.—Messire Charles Oger de Cavoy, chevalier seigneur de Boisselle, capitaine de cavalerie au régiment de la Tournelle. »

« 12 mars 1702. — Marie-Magdeleine Payen d'Hautecoste. »

« 25 octobre 1703. — Madame Barbe Delelis, épouse de messire Philippe-François Palisot, chevalier, seigneur d'Incourt et autres lieux, conseiller du Roi en ses conseils, premier Président et chef du Conseil d'Artois (chœur). »

« 2 avril 1704. — François-Marie Procope de Coquelard-Préfossés, fils de messire Jacques de Coquelard, chevalier, seigneur de Préfossés, inspecteur et maior général des troupes du Roi. »

« 10 juillet 1705.— Ignace-François Descouleurs, escuier, seigneur de la Batterye. »

« 7 novembre 1706. — Antoine Prevost, conseiller du Roy et son lieutenant particulier et héréditaire des Ville et Gouvernance d'Arras, seigneur de Mailly, d'Offines et autres lieux. »

« 24 décembre 1707.—Marie-Marguerite Payen d'Hautecoste. »

« 11 mars 1708. — Messire Philippe-François Palisot, chevalier, seigneur d'Incourt, Warluzel, Beauvois et autres lieux, premier Président et chef du Conseil d'Artois. »

« 30 octobre 1708. — Pierre-Salomon de Brosses, escuier, capitaine au régiment de Navarre, seigneur de Crots et de Malval. »

« 8 novembre 1709. — Jean-Florent le Bourgeois (inhumé dans le sépulcre de ceste église). »

« 12 janvier 1710. — Mademoiselle Isabelle-Claire-Françoise de Marnix des Mesoncelles, fille de noble et puissant seigneur messire Claude-François Dominique de Marnes, chevalier, vicomte d'Ogimont, baron de Rollencourt, Mesoncelle, Bealencourt, Blingel, etc., etc., comte d'Estrées-les-Douay (vis-à-vis l'autel de la Vierge). »

« 21 septembre 1712.—Marie de Chelers, veuve de M. Prevost, conseiller du Roy. »

« 19 novembre 1714. — Monsieur André Caron, prêtre, chanoine de la cathédrale d'Arras, cy-devant curé de cette église et doyen de chrétienté (dans la nef). »

« 9 juin 1715. — Joseph-Xavier Chollet, fils de Joseph-Ignace Chollet, escuier, sieur de la Brayelle. »

« 1ᵉʳ septembre 1716. — Dame Marie-Florence Descouleurs, veuve de messire Edme de Thiennes, chevalier, seigneur de Rozé et autres lieux. »

« 4 mars 1718. — Messire François-Ignace Palisot, chevalier, seigneur de Warluzel, conseiller du Roy en ses Conseils, premier Président et chef du Conseil d'Artois. »

« 22 août 1722. — Roger de Kennedy, capitaine irlandais. »

« 17 aoust 1723. —Jean-François-Xavier Quarré, escuier, seigneur de Wandelicourt du Repaire Lespault les Fressin. »

« 21 septembre 1723. — Marie-Françoise-Scolastique Duquesnoy, veuve de feu monsieur de Beaurains, écuier, seigneur de Savie, etc., et conseiller du Roy au Conseil provincial d'Artois. »

« 16 août 1726. — Monsieur Jean-Antoine de la Mothe, écuier, seignenr de la Martinie-Behagny... »

« 9 décembre 1727. — Melle Marie-Thérèse-Ursule Quarré, fille de feu noble homme Antoine-Joseph Quarré, écuier, seigneur du Repaire-Wandelicourt, et de noble dame Jeanne-Elisabeth Payen. »

« 5 janvier 1728. — Augustin-Nicolas Palisot, fils de messire Ambroise-Alexandre Palisot, chevalier, seigneur d'Incourt, Warluzel et autres lieux, conseiller du Roy en ses Conseils, premier Président et chef du Conseil d'Artois. »

« 18 avril 1728. — Madame Jeanne-Elisabeth Payen, veuve de monsieur Antoine-Joseph Quarré, escuier, seigneur du Repaire. »

« 19 aoust 1730. — Aldegonde-Elisabeth-Charlotte, fille de messire Yves-Guislain-Joseph Quarré, chevalier, seigneur du Repaire-Wandelicourt l'Espault Hautecotte Chelers, mayeur des Ville et Cité d'Arras. »

« 1er décembre 1730. — M. Jacques Caron, prestre après avoir exercé la charge de coûtre en cette paroisse l'espace de 43 ans. »

« 27 novembre 1732. — Monsieur Pierre-André Galhaut, escuier, conseiller au Conseil provincial d'Artois. »

« 3 may 1733. — Madame Marie-Jeanne le Bourgeois, veuve de feu Jean-Antoine de la Motte, escuier, sieur de la Martinie. »

« 20 juin 1738. — M. Jean Foucquier, Sr de Clamar, avocat au Conseil d'Artois, et l'un des commis aux Chartres de cette Ville. »

« 4 décembre 1738. — Dame Adelaïde-Jeanne-Françoise Dalouville, épouse de messire Adrien-Antoine de Blocquel de Croix, baron de Wismes, seigneur de Serres, Cerisy, Maretz. »

« 21 décembre 1738. — Dame Marie-Marguerite-Guislaine Boucquel, épouse de messire Jean-Baptiste Boucquel, chevalier, seigneur de Savion, Hamelincourt, »

« 15 novembre 1739. — Marie-Jeanne-Françoise le Pippre, épouse de Philippe-Antoine-Joseph Prevost, escuier, seigneur de Wailly d'Offins et autres lieux. »

« 1er septembre 1740. — Messire Louis-Philippe Palisot, chevalier seigneur de Beauon, capitaine réformé du régiment de la Colonelle générale Dragon. »

« 1er janvier 1741. — Amalric Philippe-Ignace-Joseph de Landas, fils de messire Philippe-Albert-Joseph de Landas, chevalier, comte de Louvignies et de Madame Isabelle-Josèphe-Rosalie d'Hericourt de Canlers. »

« 8 mars 1741. — Jeanne-Thérèse Baillencourt, dit Courcol. »

« 4 septembre 1741. — Dame Marie-Joseph-Agathe Boucquel, épouse de messire Jean-François-Henry Dubus, écuier seigneur de Wailly, près de Montreuil-sur-Mer. »

« 16 octobre 1742. — Messire Yves-Guislain-Joseph Quarré, chevalier seigneur du

Repaire Chelers, Lepaut, Vandelicourt et autres lieux, mayeur des Ville et Cité d'Arras. »

« 4 janvier 1743. — Maître Jacques Baillet, Prestre-Curé de ceste église, bachelier en Sorbonne et doien de chretienté. »

« 24 janvier 1744. — Ignace-Joseph Chollet, écuier sieur de la Brayelle. »

« 17 mars 1744. — Joseph-Adrien-Guislain de Landas, fils de messire Philippe-Albert-Joseph, comte de Louvignies, député ordinaire des Etats d'Artois et de dame Isabelle-Josèphe-Rosalie Dericourt. »

« 20 octobre 1745. — Monsieur François-Philippe Marchant, estant à son tour conseiller du Roy, assesseur de la Ville d'Arras. »

« 18 avril 1746. — Messire Ambroise-Alexandre Palisot, chevalier seigneur d'Incourt, Warluzel, Aix-en-Gohelle, Divion et autres lieux, conseiller du Roy, premier Président et chef du Conseil d'Artois, inhumé dans le Chœur. »

« 5 septembre 1747. — Me Jean-Baptiste Batiste, coûtre de la paroisse. »

« 7 septembre 1747. — Messire Yve-Ambroise-Guislain Quarré du Repaire. »

« 23 Mars 1748. — Le sieur Antoine Le Gentil, époux de demoiselle Jeanne Scholastique de La Haye. »

« 27 septembre 1749. — Hector-Joseph-Marie Manchon, fils de Monsieur Jérôme, écuier conseiller du Roy, commissaire des guerres au département d'Arras. »

« 22 novembre 1751. — Marie-Thérèse Lamoral Le Ricque, épouse de Monsieur Charles-Joseph de Briois, écuyer seigneur d'Angres. »

« 8 octobre 1752.—Dame Anne-Jeanne-Marguerite Boucquel, veuve de Messire Yves-Guislain-Joseph Quarré, chevalier seigneur du Repaire et autres lieux, mayeur des Ville et Cité d'Arras.

« 16 octobre 1752. — Messire Louis-François Palisot, chevalier seigneur de Warluzel, Divion, Aix-en-Gohelle, baron Doudenove, seigneur de Mikelbecq, pais Dalost. Lillers, Mainil-Boucher, Villers-au-Bois, Manchecourt, Gorres et autres lieux, conseiller du Roy en ses Conseils, premier Président et chef du Conseil provincial d'Artois et garde des sceaux de la Chancellerie établie près le même Conseil.»

« 18 août 1753. — Monsieur Charles de Briois, écuyer seigneur de Poix, d'Angres et autres. »

« 20 août 1756. — Monsieur François Havens, écuyer seigneur de Marbeck. » — Dans le chœur. »

« 2 janvier 1757. — Madame Jeanne-Blaise Palisot, veuve de Messire Charles de Rousset, chevalier de l'ordre militaire de Saint-Louis, lieutenant pour le Roy, au Vieux-Brissac. »

» 14 août 1757. — Dame Françoise Eléonore Walar, épouse de messire Louis-François de Berthoult, chevalier seigneur d'Hauteclocque, Herbeval, Œuf, Framicourt, Lassus et autres lieux. »

« 19 août 1757. — Antoine-Philippe Noël de Rochefort, premier commis du greffe des Etats d'Artois. »

« 28 juin 1759. — Monsieur Jean-Marie-Albert Blaise de Douay, écuyer seigneur de la Baïnes, du Prelsédrez, bois d'Habart et autres lieux. »

« 4 juin 1760. — Dame Françoise-Rosalie-Dominique Bacler, épouse de Monsieur Charles-Antoine de Gouve, conseiller du Roy, subdélégué de l'intendance de Flandres et d'Artois, Procureur du Roy de la Ville et Cité d'Arras. »

« 28 juin 1760. — Demoiselle Marie-Françoise Goudemetz, fille de Me André, avocat au Parlement, conseiller du Roy et sou-procureur en la maîtrise des eaux et forêts d'Arras. »

« 16 juillet 1762. — Madame Catherine-Françoise de Milly, veuve de Monsieur Albert-Antoine-Eugène Prévost de Wailly, Antrœuille, Doffines et autres lieux. »

» 28 octobre 1762. — Messire André-Florent-Robert Caron, prêtre chanoine de l'église Cathédrale d'Arras, bachelier en théologie. »

« 10 juillet 1764. — Dame Charlotte-Elisabeth de Saissival, veuve de Pierre le Bel, écuyer seigneur du Boisgenet, Viet, Roman et autres, chevalier de l'ordre royal et militaire de Saint-Louis, capitaine d'infanterie au régiment de Rohan Prince. »

« 12 mars 1768. — Madame Marie-Louise Vollant, dame de l'Esglantier, Vienne, Regibuy et autres lieux, veuve de Messire

Ambroise-Alexandre Palisot, chevalier seigneur d'Iucourt, etc., etc. »

« 4 décembre 1768.—Damoiselle Marie-Madeleine Foucquier, dame de Clamas. »

« 18 janvier 1769. — Demoiselle Marguerite-Joseph Crépel, veuve de Monsieur François-Philippe, marchand, échevin à son tour, conseiller du Roy, assesseur de la Ville d'Arras. »

« 25 février 1769. — Messire Jean-Baptiste-Joseph Boucquel, chevalier seigneur de Sarton, Noreuil, Hardecourt-au-Bois, Rebreuve-sur-Canche, Warlus et autres lieux ». — Dans le chœur.

« 16 décembre 1760. —Agnès-Constance-Alexandrine de Gosson, épouse en deuxièmes noces de Messire-Charles-Dominique de Coupigny, chevalier, baron de Beaumé. »

« 1er décembre 1770. — Bon Guislain-Lallart, fils de M. Bon Antoine, receveur général des Etats d'Artois. »

« 1er mars 1771.—Noble damoiselle Charlotte de Blocquel de Croix, fille de Messire Adrien-Antoine de Blocquel de Croix, chevalier, baron de Wisnes, seigneur de Cerisy et autres lieux, ancien député général du corps de la noblesse des Etats d'Artois et de dame Anne-Marguerite de Pracomtal. »

« 21 mars 1771. — Madame Marie-Guillaine-Françoise de Herlin, douairière de M. Jean-Marie-Albert, baron de Douay, écuyer seigneur de Baisne, du Prédhrez et bois d'Habart. »

« 9 juin 1771. — Jean-Baptiste-Joseph Roze, bourgeois, doyen des Echevins des Ville et Cité d'Arras, l'un des commis aux charbons d'icelle. »

« 5 octobre 1772. — Monsieur Pierre-Habart de la Haye, écuyer conseiller du Roy, Prevôt général de la maréchaussée Royale, unie au corps des Etats d'Artois. »

« 16 avril 1773. — Madame Anne-Marguerite de Pracomtal, épouse de Messire Adrien-Antoine de Blocquel de Croix, chevalier, baron de Wisnes, X... ancien député ordinaire et à la Cour de la noblesse des Etats d'Artois, Mayeur en exercice des Ville et Cité d'Arras. »

« 12 mars 1773. — Messire Léonard-Joseph-Désiré de Blocquel, de Croix, officier au régiment d'infanterie du Roy. »

« 4 juin 1773. — Lucie-Thérèse Le Riche, veuve de Jean Blaise de la Tour de Meilhan, commissaire contrôleur d'artillerie au département de Flandre, Hainault, Picardie et Artois. »

« 5 octobre 1773. — Noble demoiselle Barbe-Françoise Palisot, d'Incourt (dans le chœur). »

« 28 fevrier 1774. — Jérôme Manchon, écuyer, commissaire ordonnateur des guerres au département d'Arras. »

« 26 juillet 1774. — Noble homme Charles-Joseph, de Briois, seigneur d'Angre, d'Aix-Noulette et autres lieux, époux de Marie-Thérèse Lamoraldine le Ricque. »

« 2 février 1781. — Maître Jean-Louis-

Joseph Debuire, prêtre bachelier de Sorbonne, curé de cette paroisse (dans le chœur). »

« Le compte de 1637, apprend ce qu'à cette époque coûtait l'inhumation dans l'église. On y lit en effet :

« Aultre recepte faicte pour inhumations des personnes et enfants cy-après, déclairez quy est pour chacun corps six florins, dont le coustre et allumeur prennent trente solz ; pour les enffants trois florins de quoy les susnommez, ont quinze sols ; et pour ceulx inhumez au cœur douze florins, le tout comme senssuict. » (1)

Les inhumations extraites des *Registres de Catholicité* n'étant qu'une très faible partie de celles faites dans l'église, la conséquence est qu'elle abritait un véritable cimetière.

Et ce cimetière était aussi un armorial. De Blairville écrivant à la fin du XVIe siècle, avait déjà constaté dans Saint-Nicolas l'existence de deux-cent-douze blasons, que l'on juge par là de leur nombre vers la fin du XVIIe.

D'Aubrometz a aussi relevé certaines donations et fondations que voici :

« A une verrière de la chapelle de sainte Véronique, du cotté de la Grand'Place, est inscript au bas de la vitre.

« Cette verrière a esté donnée par hault et puissant seigneur Messire-Maximilien de

(1) Arch. départem., *Compte de 1637.*— f° 14.

Meleun, chevalier, visconte de Gand, seigneur et baron de Caumont Bailleul en Vimeu Dompvast, Brimeu, Busquoy, Hesbuterne, gouverneur et capitaine des Ville et Cité d'Arras, et d'une compagnie d'hommes d'armes, et hault et puissante dame Madame Anne-Roslin Daimerie, dame du dit lieu Daimerie, Duisant, Agnèz, Robersart, Mareschal, et héritière de la grande venerie et louverie du pais de Hainault, son espouse. Timbré de la teste d'ung bœuf sous ombre de griffon couronné.

« Il mourut à l'an 1585, escallade de la ville d'Anverse. » (1).

« Laurens Foucquier, bourgeois d'Arras, et Anne Enlart, sa femme, XVᶜ IIII xx XI, une verrière. »

« En 1635 le grand autel fut donné, ainsi qu'on l'a vu plus haut, par Georges-le-Petit, sieur de Villers-sire-Simon et autres lieux. »

« Ceste verrière a été faite des deniers de Jacques du Bosquet, sieur de Bailloeul-aux-Cornailles et Escœvres, et de damoiselle Barbe de Fontenelle, damoiselle de Gouves, armoiries. »

« Verrière donnée par Pierre de la Conté, adont bourgeois Eschevin Argentier et recepteur des aydes d'Artois, damoiselle Caterine Cambier, sa femme, auprès est une ymaiges au pied duquel sont les armoiries. »

1) Ce passage de Blairville a été rectifié et complété à l'aide de l'*Epitaphier* de M. le marquis d'Havrincourt.

« Jacques de Herlier at donné ceste verrière estant au sépulcre. »

« Sire Jehan Anval, natif de France, du païs de Vimeu, en Picardie, ast fondé... en bois. »

« En la chapelle de.... y est une verrière faite par divers prêstres, et sont leurs armoiries. »

« Au sortir d'icelle chapelle, auprès de l'autel de... sont escript les fondations par les propriétaires de la Comté, argentier et eschevin d'Arras et damoiselle Anthoinette Gambier sa femme, en cuivre. »

« Damoiselle Tarbé Grégoire, vefve de feu honnorable homme Nicollas, bourgeois, eschevin de la Ville d'Arras, est donne ceste verrière. »

« M. Robert Caulier, chanoine, at donné pareillement la verrière, suivant où sont paintes ses armoiries. »

« Anthoenete de Carnin a aussi « laissé à l'église Saint-Nicolas un calice d'argent. » (1).

A propos d'un synode tenu en mai 1599, le jour de Saint-Nicolas, aux Jacobins éta-

---

(1) Le Pez, *Manuscrit* n° 338 de la Bibliothèque communale. « Extrait du Cartulaire ou Registre de l'Eglise paroissiale de Saint-Nicolas sur les Fossés, à Arras, contenant les fondations de l'Eglise. » Ce Cartulaire a disparu avec les livres de comptes, les registres aux délibérations des marguillers, et toutes les archives de l'Eglise, probablement lors de sa transformation en Temple de la Raison.

blis au Riez-lez-Arras, un moine de Saint-Vaast a écrit :

« Ce fut au mois de may 1599, lorsque les oisillons gargonnent leur ramage, que les champs se recréent produissantz herbes verdoyantes à foison, que les arbres espandent en hault, au long et au large leurs rameaux chargés non-seulement de feuilles, mais aussi de boutons promettantz les fruitz futurs et advenirs en abondance, que messieurs les Jacobins du Chapitre de ces provinces sortirent de leurs couventz, aux fins de venir aux Jacobins proche de la noble et fameuse Ville d'Arras et illec tenir et faire leur assemblée sinodalle et provincialle à l'honneur de Dieu, à leur salut et à l'édification du peuple. Ceste année là, le jour Saint-Nicollas estait par un dimance, le IXe en may, et a donc ceste notable assemblée sortit processionnellement du lieu maintenant dict, portant le Saint-Sacrement avecq eux par les mains d'un moult honorable homme, docteur en théologie, leur provincialle aagé de LX ans ou environ, accompagnez d'une longue file de peuple tant des champs que de ceste dite Ville d'Arras... et cela jusque au dedans l'église Saint-Nicollas, surnommée sur lez fossez... ladite procession doncq estant entrée en ladite église Saint-Nicollas, on void reluire de toutes parts l'artificieuse structure dudict lieu, à la splendeur des luminairs qu'on y avoit disposé dessus, dessoubs, à costé et le long des marches qui conduisoient à l'autel, sur lequel estoyt décemment préparé le receptacle du Sainct-Ci_ boire, dont après quelques prières faictes lesdicts Jacobins y chantèrent la grande messe, sçavoir est de Sainte-Catherinne de Sienne, à cause de sa feste qui se célèbre annuellement le dimence après l'Invention Saincte-Croix, les prestres de la dite paroisse ayant chanté la leur auparavant de Sainct-Nicollas. » (1)

En 1637, les marguillers de Saint-Nicolas sur les Fossés, rendirent un compte composé de 58 feuillets, conservé aux archives, et fourmillant de renseignements aussi curieux que complets sur les ressources, recettes, charges et dépenses de l'église. Il est intitulé ainsi :

« Compte et estats que font et rendent maître Philippe de Saulty et Charles Flippes, bourgeois et marchans de ceste Ville d'Arras, manegliers de l'église paroissiale de Dieu et de Monsieur Saint-Nicolas en la dite Ville tant en receptes de rentes ordinaires, prouffictz et émolumens d'icelle église que de mises sur ce faictes et paiez pour ung an commenchant au vingt-quattriesme de juing, jour de saint Jehan-Baptiste XVI trente-sept exclud. Lequel compte se faict tant en rentes que mises à monnoye courante en Arthois telle que vingt solz pour la livre et douze deniers

---

(1) Bibliothèque communale. — *Manuscrit* n° 301, page 113 et suiv. — Nous avons passé dans cette relation tout le cérémonial qui eut lieu à Notre-Dame et dans la Ville avant d'arriver à Saint-Nicolas.

pour le sol ou pattard. Les cappons à douze solz et poulle à six solz le tout ainssi comme il s'enssuit, soubz protestation de mettre en remise ce qui n'at esté reçeu, encoires qu'en soit tenu plein compte. »

Il résulte de ce compte que l'église percevait à cette époque de quinze confréries dont elle était le siège.

« Aultre recepte des confrairies érigées en ladicte église comme il senssuit.

ASSÇAVOIR :

De la confrairie de St Paul . . .	V s.
De confrères St Pierre et St Paul.	V s.
De saincte Elizabeth	V s.
De saincte Marguerite	V s.
De sainct Christophe.	II s.
De saincte Anne	V s.
De saincte Marthe	V s.
De sainct Michel	V s.
De saincte Véronne.	V s.
De sainct Franchois	VI s.
De sainct Guislain.	V s.
Des grands confrères de St Nicolas	V s.
Des confrères de sainct Eloy . .	VI s.
De la confrairie sainct Andrieu .	V s.
De celle de sainct Claude . . .	V s.

XVIIIe somme III l. IIII s. »

Il en résulte encore que des orgues existaient alors dans l'église, et qu'on y voyait des colonnes en cuivre, et des bénitiers du même métal.

« Aultres debvoirs faicts par les dicts compteurs pour gaiges des organistes serviteur d'église et aultres personnes ayantes esté entremis aux affaires d'icelle.

ASSÇAVOIR :

A maistre Anthoine Hersin, organiste, pour avoir en ladicte qualité deservy ladicte église un an entier escheu veille de St Jan-Baptiste, temps de ce compte, la somme de . . . . l. V lib.

Pour les sallairs du souffleur par luy employé et quy est à sa charge, payé pour rétribution. . . . . VI lib.

A Jacques Philippe pour avoir récuré tous les chandeliers, coulonnes de cuivre, benoistiers et aultres choses servantes à la décoration de la dicte église pour le temps de ce compte. . . . . IIII lib. X s. »

En 1700 s'émut entre le sieur Baillet, curé de Saint-Nicolas sur les Fossés, successeur du sieur Caron, nommé chanoine d'Arras, et les marguillers de cette église, un procès qui ne se termina que cinq ans plus tard, et voici ce qui y donna lieu :

« Jacques Baillet, dit le Père Ignace, jouit pendant cinq ans des mêmes droits que ses prédécesseurs, qui étaient en possession de tenir les assemblées de la paroisse, d'y prendre séance, d'y signer les premiers, d'être nommés en chef dans les actes et dans les délibérations, d'y donner leur voix, d'avoir une des clefs du coffre commun de l'église, d'avoir enfin la présentation et l'audition des comptes.

» Or le 24 juin 1700, les sieurs Beaurains et de Caix, marguillers en charge, ayant convoqué l'assemblée ordinaire pour recevoir les comptes en la manière accoutumée, ce sieur Beaurains profita de l'absence de Baillet qui était sorti, pour faire dresser un acte portant que le curé et les prêtres habitués, seraient à l'avenir, au lieu de percevoir comme par le passé, directement du receveur de la fabrique, sur leurs quittances, ce qui pouvait leur être dû, obligés de prendre des mandats des marguillers avant que de toucher du receveur, et le 30 juillet suivant il fit présenter l'acte au curé Baillet, pour qu'il le revêtit de sa signature.

» Non-seulement celui-ci s'y refusa, mais il fit assigner de Beaurains et de Caix par-devant le Conseil d'Artois, pour faire déclarer l'acte nul et ordonner que désormais les délibérations seraient écrites sur le champ dans le registre, avec défense aux marguillers de les garder, ainsi que venait de le faire de Beaurains, et injonction de les remettre à chaque assemblée dans le coffre commun.

» Les prêtres habitués se joignirent au curé, relativement à ce qui les concernait, c'est-à-dire au droit de toucher directement du receveur de la fabrique sur leur simple quittance.

» De Beaurains, de son côté, demanda au Conseil de décider que, dans les assemblées paroissiales, le rôle du curé se réduirait à une simple présence, qu'il serait tenu de remettre au receveur la clef du coffre ou se gardaient les titres de l'église, et que de même que les prêtres habitués, il ne pourrait dorénavant percevoir de ce receveur qu'après avoir obtenu au bas des reçus, un mandement des marguillers.

» Un arbitrage proposé par de tierces personnes qu'avaient accepté Baillet, ayant été refusé par de Beaurains, on dut plaider, plusieurs mémoires furent produits, tant de la part des parties, que de celle des Etats de la Province, qui crurent devoir intervenir au procès.

» Contrairement aux conclusions des gens du Roi, et à ce qu'il avait décidé en 1696, le Conseil d'Artois admit, en 1701, les prétentions de Beaurains.

» Baillet interjeta appel de l'arrêt du Conseil (1). »

Le 24 avril 1706, intervint un arrêt du Parlement de Paris, qui déboutant les Etats d'Artois de leur intervention, maintint « les marguillers de l'église de St-Nicolas-des-Fossez de la Ville d'Arras au droit d'administrer le bien de leur fabrique et ledit Baillet dans le droit et possession d'assister aux assemblées de la fabrique de ladite église avec voix délibérative et de signer le premier les actes de délibération lorsqu'il y aura été présent ». Ordonna « que les comptes de la fabrique continueront d'être adressés aux curé et marguillers de ladite paroisse comme ils l'ont été par le passé, et qu'à l'avenir tous lesdits actes de

---

(1) Le Père Ignace. *Recueil*, tome II, pages 151 à 155.

délibérations seront arrestez aussitost après la délibération finye et signée par ceux qui y auront assisté et le registre des délibérations remis dans le coffre commun d'icelle église dont ledit Baillet aura une clef et lesdits marguillers une autre, que ledit Baillet seroit payé par le receveur de la fabrique sur la simple quittance des rétributions à luy deulz pour les messes de fondation et autres offices qu'il aura acquittés à la décharge de la fabrique » mais dit « que les prêtres habitués ne pourront être payés de leurs rétributions qu'en rapportant un certificat du dit Baillet portant qu'ils ont acquitté les messes de fondation dont ils sont tenus, ensuite duquel sera expédié un ordre ou mandat desdits marguillers au receveur de ladite fabrique pour leur payement, etc..... » (2).

En 1721 Guillaume Denis, cordonnier, portefaix et Louise Marin, sa femme, qui avaient constamment habité une cave de la Petite Place, employèrent le produit de leurs économies, 16,080 livres environ, à doter St-Nicolas de son argenterie, consistant en vases sacrés, croix, encensoirs, chandeliers, etc..... libéralité due à cette double circonstance que du mariage de ces époux n'était issu aucun héritier, et que l'un des conjoints avait été baptisé dans cette église (3).

(2) Archives départementales. *Fonds du Chapitre.*

(3) M. Proyart. *Notice sur St-Nicolas-sur-lez-Fossés*, page 14.

En 1726, Ambroise Palisot, premier Président du Conseil d'Artois, et dame Langlantier, son épouse, fille du chevalier d'honneur de ce nom au même Conseil, donnèrent la grille de fer qui fermait le grand chœur. Elle coûta, disait-on, plus de 3,000 livres. Dupuich, natif de Cambrai, doyen des conseillers dudit Conseil, et Anne Prevost, sa femme, offrirent en même temps la porte de fer de la chapelle Saint-François, sise à droite du grand autel (4).

M. Bon Lallart enrichit l'église des confessionnaux et des boiseries du chœur et des lambris des nefs (5), lambris derrière lesquels se retrouveront peut-être quelques jours certains monuments funéraires, peut-être même aussi la « *tabula antiqui caracteris* » commémorative de la messe célèbrée par saint Thomas de Cantorbery.

Le registre aux revenus de la Ville prouve que « l'église Saint-Nicolas sur les Fossés, était, d'acquisition des Pères Dominiquains, propriétaire d'une maison nommée le *Petit-Cambrai*, à usage de presbitaire, située rue des Dominicains, tenant de deux côtés à deux autres maisons de la dite église. » (6).

Le 2 février 1781, M. Debuire, curé de

---

(4) Le Père Ignace. *Dictionnaire*. Tome III.

(5) d'Héricourt. *Bulletin de la Commission des Antiquités départementales.* Notice sur Saint-Jean-Baptiste. Tome I, page 150.

(6) *Compte de 1763 à 1764. Article* 68.

Saint-Nicolas sur les Fossés, étant mort, force devint de lui donner un successeur ; le choix s'arrêta sur l'oratorien Porion, qui après avoir professé à La Flèche, était venu professer à Arras.

Ce Porion, grand parleur, ne tarda point à trouver un sujet qui lui permit de signaler sa faconde.

Réprimandé à la suite de certain rapport fait contre lui par une demoiselle Deliège, le nommé François-Guislain-Joseph Collin, ouvrier cordonnier et attaché au service de l'église, attira sous un faux prétexte cette demoiselle dans le temple, et l'y égorgea avec le couteau servant à couper le pain bénit. Cela s'étant passé le samedi 7 avril, vers huit heures du soir, et le lendemain la victime ayant été trouvée morte au milieu d'une mare de sang, contre le bénitier voisin des fonts baptismaux, l'autorité ecclésiastique fit transporter le Saint-Sacrement ainsi que les vases sacrés dans la chapelle des Dominicains, et l'église profannée resta fermée pendant plusieurs jours.

Lorsque les Grand Vicaire, Archidiacre Prévot, Doyen du Chapitre, et autres dignitaires ecclésiastiques procédèrent à la réconciliation de l'église, Porion se chargea du sermon et y donna cours à sa verve oratoire.

Quant à Collin, qui s'échappa et dont on perdit la trace, la procédure commencée contre lui par le Magistrat, et continuée par le Conseil d'Artois, se termina après deux arrêts interlocutoires, par un arrêt définitif rendu au rapport de M. le conseiller Audefroy, et ainsi conçu :

« La Cour déclare la coutumace bien instruite contre François-Guislain-Joseph Collin, et adjugeant le profit d'icelle, déclare ledit Collin duement atteint et convaincu d'avoir le samedi sept avril dernier, vers huit heures du soir, assassiné à coup de couteau de dessein prémédité dans l'église paroissiale de Saint-Nicolas sur les Fossés de cette Ville d'Arras Josèphe Deliège, fille majeure, marchande de toile, demeurant en la même Ville, pour réparation de quoi condamne ledit Collin à faire amende honorable devant la principale porte de l'église paroissiale de Saint-Nicolas sur les Fossés de cette Ville d'Arras, où il sera conduit par l'exécuteur de la haute Justice dans un tombereau ayant écriteaux devant et derrière portant ces mots : *assassin de dessein prémédité dans une église*, et la, nud en chemise, ayant la corde au col, tenant en main une torche de cire ardente du poids de deux livres, dire et déclarer à haute et intelligible voix que méchamment, témérairement, et comme mal avisé, et de dessein prémédité, il a dans ladite église assassiné ladite Deliège en lui portant plusieurs coups de couteau, qu'il s'en repent et en demande pardon à Dieu, au Roi et à Justice, ce fait, mené sur la Place du Palais pour, sur un échafaud qui y sera dressé à cet effet, avoir les bras, jambes, cuisses et reins rompus vifs par ledit exécuteur, ensuite, son corps mis sur une roue la face tournée vers le ciel pour y demeurer tant et si longtemps qu'il plaira à Dieu lui conserver la vie, et son corps mort porté aux fourches patibulaires pour y être exposé sur ladite roue, ses biens déclarés acquis et confisqués au Roi ou à qui il appartiendra sur ceux et autres non sujets à confiscation, préalablement pris la somme de cent livres d'amende envers Sa Majesté au cas que confiscation n'ait lieu à son profit. Ordonne que le présent arrêt sera exécuté par effigie en un tableau qui sera attaché par ledit exécuteur à une potence plantée sur ladite Place, condamne ledit Collin en outre aux frais, mises de Justice et dépens du procès. Ordonne que ledit arrêt sera imprimé et affiché en cette Ville d'Arras et partout où il appartiendra, du 30 juin 1781 » (7).

En novembre 1790, Porion trouva deux autres occasions de placer des morceaux à sensation, et de mettre ses tirades au service de la politique.

La première lors du service solennel célébré en l'honneur des soldats de Bouillé, morts dans la répression de la révolte des trois régiments de Nancy aidés par la populace de cette ville.

La seconde, lors de l'oraison funèbre du brave Desilles, officier de l'un des régiments mutinés, qui se fit tuer par les siens

(7) Archives générales, *Arrêts criminels du 8 janvier 1781 au 23 décembre 1784*, fol. 118.

en voulant les ramener dans le devoir et éviter l'effusion du sang qui allait tant couler.

« Ami jusqu'à l'excès de la liberté que la nouvelle Constitution nous assure, s'écria Porion, il n'a point ambitionné d'autre gloire que d'en défendre les droits. Vivre libre ou mourir, c'était là sa maxime, celle qui devrait être gravée en caractères ineffaçables dans le cœur de tous les Français. Citoyens soldats, et vous aussi soldats citoyens, que cette triste cérémonie rassemble, vous la défendrez jusqu'au dernier soupir, cette Constitution, contre toutes les puissances conjurées ; vos dispositions nous sont connues ; plus d'une fois vous nous en avez donné des preuves : le feu sacré du patriotisme embrase vos cœurs ; il y brûlera toujours, et si jamais il pouvait s'éteindre, je vous dirais : « Allez au tom-
« beau du brave Desilles, là vous aiguise-
« rez vos armes, comme firent autrefois
« deux soldats sur le tombeau du maréchal
« de Saxe : il en sortira une vertu secrète,
« et vous reviendrez parmi nous pleins
« d'une ardeur nouvelle et les plus zélés
« partisans de la Révolution » (1).

Ce langage, plus que singulier dans la bouche d'un prêtre parlant du haut de la Chaire de Vérité, pouvaient faire pressentir que, trois mois plus tard (21 janvier 1791)

---

(1) Eloge funèbre prononcé par M. Porion le 11 novembre 1790. Guy de la Sablonière, imprimeur à Arras ; in-8°.

ce même prêtre aurait, dans cette même chaire, consenti à donner lecture de la *Constitution civile du clergé*, et à s'y inféoder.

En 1791, une décision de la Municipalité, ultérieurement approuvée par le Directoire du District, réduisit à quatre les onze paroisses d'Arras. Celle de Saint-Nicolas-sur-les-Fossés fut conservée, mais placée sous le vocable de Saint-Géry, et tout naturellement Porion se trouva également maintenu à la tête de cette paroisse, agrandie de l'adjonction des anciennes paroisses Saint-Géry et Saint-Jean-en-Ronville.

Le 26 mars, à sept heures du matin, les électeurs désignés par les assemblées primaires et réunis dans la nouvelle église Saint-Géry, « attendu, porte le procès-verbal, l'insalubrité de la cathédrale », afin d'y élire un évêque constitutionnel, ayant décidé que l'opération se ferait le lendemain à l'issue de la messe de Porion, l'élection commença le 27, sous la présidence de Carnot jeune.

Au deuxième tour de scrutin, le premier ayant été inopérant, 139 suffrages se portèrent sur Porion et 123 sur Duflos, curé d'Hesmond. Au troisième tour, Porion n'ayant obtenu que 174 voix contre 198 données à son compétiteur, ce dernier fut proclamé évêque, et l'électeur Barbier reçut la mission d'aller lui annoncer ce résultat et demander son acceptation.

Entre temps, on s'ébranla, pour se

congratuler réciproquement, et c'était vraiment justice.

La milice citoyenne, d'une part, avait « protégé par ses armes l'enceinte » dans laquelle s'était faite une élection que nul ne songeait à troubler.

Les électeurs, d'autre part, venaient de se livrer à une besogne capitale, mais on va le voir, parfaitement inutile.

C'est pourquoi l'orateur des députés de la garde nationale, admis dans l'enceinte si brillamment protégée la veille, éprouva le besoin de féliciter chaudement l'assemblée « d'avoir couronné avec autant de promptitude que de zèle, la nomination de l'évêque... en déposant sur l'autel de la vérité les voix de tous les citoyens du département... quoique le fanatisme eut vainement secoué près d'elle ses torches incendiaires... » et cætera.

De dire : « L'Être suprême en faisant pencher la balance en faveur de M. Duflos, a mis sans doute sur le chandelier la lumière que la modestie avait placée sous le boisseau, et il laisse à cette Ville un pasteur patriote digne de l'Episcopat. Nous adorons encore le doigt de Dieu et nous courbons nos armes sous la volonté de l'Éternel. »

Et de terminer ainsi : « Messieurs, tandis que le ministre que vous venez de nous donner rendra les Français dignes de la patrie céleste, nous prenons devant vous l'engagement sacré d'apprendre à nos enfants comment on défend la patrie terrestre. Ainsi les Français deviendront dignes de la France et du Ciel. »

A ce discours si heureusement imagé, le président de l'assemblée électorale, répondit qu'elle recevait avec le plus vif intérêt l'hommage des « soldats de la liberté, etc., » et faisant chorus avec leur chef, les électeurs décidèrent l'impression de ces allocutions mémorables.

Mais la métaphore du chandelier et du boisseau devait ne point se justifier ; il était écrit, dans les décrets de la volonté devant laquelle, éclairée sans doute par un reflet des « lumières du Saint-Esprit » qu'elle avait pieusement appelées sur les électeurs, l'intrépide garde nationale, consentait à « courber ses armes, » que la lumière n'aurait pas changé de place. L'ambassadeur Barbier n'ayant, en effet, rapporté de son voyage, coûtant 56 livres 2 sols, qu'un « rhume violent » pour son compte personnel, et pour ses commettants qu'un refus catégorique de Duflos, lequel, bien que « sensible à la confiance » dont on l'avait honoré et dont il conserverait « un éternel souvenir » reculait devant « l'énormité d'un fardeau » dont sa « frêle santé » ne lui permettait pas de se charger ; il fallut se résigner à une élection nouvelle.

Le lendemain 29, les électeurs s'étant rassemblés au même lieu pour y procéder, Dupont, curé de Marquise, qui l'avant-veille avait obtenu certains suffrages, ayant décliné toute candidature, Porion, qui s'était cru obligé à en faire autant, eut 214 voix sur 347 votants : contrarié sans doute de n'avoir point réuni l'unanimité des suffrages, alors que pourtant la lutte n'existait plus, il commença par simuler l'étonnement d'une nomination prétenduement faite contre son gré, et refuser d'y souscrire ; mais finissant par céder aux sollicitations concordantes avec ses plus ardents désirs, il accepta et fut proclamé le lendemain.

Pour ne plus revenir sur cet ex-curé de St-Nicolas, qui ne rougit pas lors de sa visite épiscopale à Boulogne, d'aller au District calomnier les curés légitimes, de s'asseoir au club en qualité de président, de converser familièrement en pleine rue avec une femme de « vertu plus que suspecte et de lui passer même la main sous le menton » (1), disons qu'après avoir en 1793, jeté la soutane aux orties, épousé civilement une Irlandaise, et exercé la profession de défenseur officieux, puis celle d'épicier, il se retira à Paris, le grand refuge de tous les déclassés, où il mourut obscurement en 1830 (20 mars). *Sic transit gloria mundi.*

M. Dancoisne, notaire honoraire et antiquaire à Hénin-Liétard, conserve de ce personnage une lettre autographe adressée « au citoien Florent Guyot, représentant du peuple, l'ami de l'ordre, le protecteur du bon droit... » Signée « *Porion, ci-de-*

---

(1) Van Drival. *Histoire des évêques de Boulogne,* page 244.

vant évêque du Pas-de-Calais, aujourd'hui commerçant » (1).

Le 13 octobre 1791, les sieurs Cavrois, curé de St-Géry et les marguillers de la paroisse adressèrent aux administrateurs du Directoire du District d'Arras, une requête afin qu'il leur plut « lors de la levée des scellés apposés sur les effets appartenants aux cy devant paroisses de St-Géry et de St-Jean, de faire délivrer à la paroisse actuelle de St-Géry, sauf à remettre ceux dont elle est actuellement en possession et qu'on jugerait superflus » une certaine quantité « d'effets », notamment une partie de l'argenterie. « Le dais et le Maître-Autel de St-Jean » ; une partie de l'argenterie « deux anges adorateurs en bois doré à côté du Maître-Autel, les fonds baptismaux, les deux petites cloches, les trois grosses, l'orgue, l'autel à la romaine, le pavé du chœur et les stalles de St-Géry. »

La communication à l'évêque de cette requête, ayant été ordonnée, l'oratorien Spi-

---

(1) Dans cette épître (écrite de St-Omer, le 19 Ventôse 3e année républicaine) Porion se plaint amèrement de ce qu'un certain Paruit, ne lui fait pas régler le prix d'une importante fourniture « de bois de réglisse livrée pour le service des hôpitaux », engage Florent Guyot a intervenir en donnant « des ordres rigoureux » et termine ainsi :

« D'Evêque que j'étais, je me suis fait commerçant ; l'affaire que je porte devant toi est la première que j'ai faite, conviens que ce n'est pas être heureux dans son début. »

talier, vicaire général, émit le 16 du même mois l'avis qu'elle devait être complétée « par l'inventaire des vases sacrés, ornements et linges se trouvant dans la sacristie de la paroisse actuelle de St-Géry, seul moyen de connaître si la demande est motivée et de déterminer avec connaissance de cause la quantité et la qualité des objets à donner en échange ou en supplément ».

Satisfaction ayant été donnée sans doute par le curé et les marguillers de la nouvelle paroisse de Saint-Géry, le 21 décembre 1791, le Directoire du District, ouï le Procureur syndic estima « qu'il y avait lieu d'autoriser les requérans à enlever les cloches de l'ancienne église de Saint-Géry en fournissant poids égal, à procéder aux frais de la fabrique à l'enlèvement de l'orgue de ladite église et au placement dudit orgue en celle actuelle de Saint-Géry, à y transférer également le grand autel de la paroisse Saint-Jean » mais non les « deux tableaux placés aux deux côtés dudit autel », lesquels seraient envoyés au dépôt (1).

La paroisse obtint également le buste et les reliques de saint Géry.

La belle Descente de Croix de Rubens, donnée en 1640 à l'ancienne église Saint-Géry par « Jean Widebien, bourgeois d'Arras, et Marie de Douai, sa femme (2) »

(1) Archives dép. *Arrêtés. District d'Arras.* 3 août au 31 décembre 1791, fol. 125.

(2) Le Père Ignace. — *Manuscrit historique* de l'Evêché.

figura aussi quelque temps dans la nouvelle église de ce nom, on lit effectivement au procès-verbal du 14 décembre 1791, dressé par Charamond : « Nous avons fait enlever de l'église actuelle [de Saint-Géry, deux tableaux qui ornaient l'ancienne et dont les marguilliers s'étaient emparés, savoir : une Descente de Croix, originale de Rubens ; une Annonciation, par Husson, lesquels ont été déposés en l'oratoire ». (1).

La cloche de Saint-Géry, que possède toujours l'église Saint-Jean-Baptiste, porte ce distique :

GÉRIE. *Nos Gaugerico dulci pulsu famulamur,*
Imprimis que Deo, quem decet omnis honor.

Puis le nom du fondeur, et sa date :

Me fescit Nicolæ de le Court. 1556.

Elle porte également l'effigie de saint Géry, les armes d'Espagne, l'aigle à deux têtes d'Autriche et l'écusson d'Arras (Ville) accosté de deux rats.

Le 21 janvier 1792, le District fut d'avis que les administrateurs de la fabrique de Saint-Géry devaient être autorisés « à reblanchir leur église, à replacer les orgues, l'autel provenant des églises ci-devant dites de Saint-Jean et Saint-Géry supprimées, réparer le beffroy, paver le chœur et faire raccommoder différentes boiseries, le tout aux frais de la fabrique. » (2).

(1) Le Gentil. *Le Vieil Arras*. Page 301.

(2) Arch. dép. *Arrêtés. District d'Arras*, 2 janvier au 30 juin 1792, fol. 27.

Le 14 novembre 1793, le Conseil général du département ordonna que tous les vases d'or ou d'argent et autres objets de même nature servant au culte, et se trouvant dans les quatre églises restées ouvertes, seraient mis à la disposition du Trésor et remplacés par des *vases de terre, de verre ou de bois*.

Trois jours après, le 17, à la requête de la Société populaire, le Conseil général du district, arrêta que la Municipalité ferait apposer les scellés sur les portes de ces mêmes églises, ainsi que « sur ce qu'on appelait tabernacles » et y procéderait à l'inventaire et à la prisée de leur mobilier. En exécution de ce, Duponchel et Regnault furent commis pour se livrer à cette double opération.

La fermeture des Églises ne tarda pas à suivre cet ordre qui en était le précurseur.

DEUXIÈME PÉRIODE.

(1794 à 1803)

Le 21 janvier 1794, épurée par Joseph Le Bon et ayant Ferdinand Dubois pour maire, la Municipalité fit, afin de solemniser dignement « l'anniversaire de la mort du tyran » célébrer une fête pour brûler en effigie « les rois chancelants coalisés contre la liberté du peuple français » dont le citoyen Doncre avait été chargé de « préparer les différents portraicts, » fête à l'issue de laquelle un bal eut lieu dans « la ci-devant Eglise Saint-Géry » où furent transportés l'orchestre et les lampions de « la ci-devant Eglise de Saint-Vaast. »

Le 1er février, cette Municipalité prescrivit de préparer ce même édifice pour le bal du décadi.

Le 1er avril, approuvant une délibération prise par la Municipalité le 11 janvier précédent pour la vente du mobilier de l'ex-église, le Département ordonna la vente des « autels, confessionnaux et autres objets existant dans la ci-devant église Saint-Géry, qui avaient servi au fanatisme » objets dont le prix serait employé à en faire parer et arranger le local consacré à la *Raison!*

A la « *Saine Raison...* directrice des mœurs... rayon émané du Dieu créateur, auteur des merveilles de la nature... Dieu de la liberté et de l'égalité qui, ayant créé tous libres et égaux, n'a pas fait des rois et des tyrans qui préparant les hommes aux fers de l'esclavage, outragent ses intentions bienfaisantes... Dieu qui, indigné des souffrances des bons citoyens, leur a ouvert les yeux, afin qu'ils pussent briser les torches du fanatisme, les poignards du cléricalisme et les froides reliques de la superstition. »

« Le 16 germinal (5 avril 1794), dit M. Lecesne (1), les commissaires chargés de surveiller les travaux d'appropriation du *Temple de la Raison*, ayant été interpellés sur leur état d'avancement, déclaraient « qu'on pouvait y danser la décade prochaine. »

En s'alliant dès le début au culte de la leste Terpshicore, celui de la saine Raison s'arrangerait, on le voit, de manière à n'effaroucher pas les scrupuleux par excès de rigorisme.

Pour orner ce Temple d'une manière

(1) *Arras sous la Révolution.* — Tome II, page 237.

digne de ceux qui devaient s'en servir, on puisa à pleines mains dans les hôtels des aristocrates condamnés ou émigrés. Une lettre de la Municipalité au District, en date du 25 germinal (14 avril), porte ce qui suit : « Il existe dans la maison du *guillotiné* Béthune quatre statues représentant les quatre saisons ; nous vous invitons à les mettre à notre disposition pour en décorer le Temple de la *Raison*. » La statue de la Liberté y fut transportée le 11 floréal, an II, et le 7 prairial, le Conseil de la commune pensant que cette statue « devait être mise couleur de bronze, » pour lui donner probablement un air plus *dur*, obtenait de Joseph Le Bon l'autorisation « d'enlever un tonneau d'huile de lin, de chez le *guillotiné* Béthune. »

Cette ornementation, opérée avec si peu de scrupules, à si peu de frais, et « d'une manière aussi digne de ceux qui l'autorisaient, » se trouva complétée par les pinceaux de Doncre.

Un certain nombre de tableaux religieux avait été conservé dans le Temple de la *Raison*.

Lors de la fête du 21 janvier 1794, Doncre imagina, pour qu'ils fussent en situation, de coiffer tous les personnages de bonnets rouges, ce qui les transforma en excellents républicains ; au nombre de ces toiles se trouvait un *Massacre des Innocents* ; après avoir affublé du bonnet phrygien les massacreurs court vêtus, il eut l'ingénieuse idée de ceindre du bandeau royal le front des victimes, si bien que la scène figura les derniers rejetons de la tyrannie exterminés par les braves sans culottes, ce qui excita l'enthousiasme des spectateurs absolument satisfaits.

Vers la même époque, Doncre peignit aussi deux grandes pages allégoriques et décoratives mises de chaque côté de l'autel : la *République française triomphante* et le *Peuple français terrassant le despotisme*.

Sur l'une, dont un morceau d'esquisse a été conservé dans le cabinet de M. Hirache, on voyait au premier plan un homme du peuple tenant sous lui la Tyrannie et invoquant l'aide de la Liberté qui l'achevait d'un coup de pique, dans le fond des soldats républicains poursuivant la famille royale; sur l'autre, non ainsi que l'a écrit M. Demory (1), « le Temps tranchant de sa faulx des têtes couronnées sortant du milieu de plantes parasites, « mais plutôt, comme l'a dit M. Proyart, « des croix, des mitres, des vases sacrés brisés, foulés aux pieds par un personnage qui figurait le peuple (2). »

Ces décorations ne furent pas payées plus cher que celles si lestement empruntées à la maison du « *guillotiné* Béthune. » En effet, le 8 thermidor an IV (26 juillet 1796), Doncre écrivant aux administrateurs

---

(1) *Mémoire* couronné par l'Académie d'Arras en 1851.

(2) *Notice sur Saint-Nicolas sur les Fossés.*

du District : « La loi accorde cent sols par jour aux commissaires pour le catalogue des livres, tableaux, etc... Je les réclame depuis le 16 messidor de l'an III de la République. Je réclame la somme de dix mille livres, que le Département m'a accordée, pour les trophées d'armes que je fis pour la fête de la prestation de serment, qui eut lieu sur la grand'place de cette ville. Je réclame aussi l'indemnité de deux mois accordée par la loi. Je réclame aussi le paiement pour deux tableaux que j'ai faits dans le Temple de la *Raison*, il y a à peu près trois ans, dont le prix fut fixé par la commune à six cents livres, et quatre cents livres pour les autres travaux et avances que j'ai faites dans le même Temple. Je vous observerai qu'à cette époque les assignats avaient la valeur de l'argent » se voyait pour toute satisfaction retourner sa requête, agrémentée de ce déclinatoire :

« Renvoyé au pétitionnant pour qu'il s'adresse à l'Administration départementale *s'il le juge convenable.* »

Or, évidemment le Département, qui payait difficilement ses dettes, n'avait certes pas à éteindre celles de la Commune, et conséquemment à solder les mille livres et plus, afférentes aux travaux municipaux du Temple de la *Raison*.

Aussi Doncre revint-il à la charge le 12 germinal an V (1er avril 1797), en adressant à la Municipalité « une pétition expositive qu'il a peint en l'an II *deux tableaux* pour le Temple de la *Raison*, la *niche dans le fond*, le *rocher en terre* et qu'il a dessiné une *colonne à plan* sur la place d'Armes ; qu'il lui est dû pour ces objets, compris fournitures, mille quinze livres pour quoi il demande qu'il lui soit délivré mandat, » réclamation à laquelle l'Administration de l'époque répondit par cette fin de non-recevoir : « Considérant qu'il ne résulte d'aucune délibération que les ouvrages dont il s'agit aient été ordonnés par elle, que par conséquent elle ne trouverait aucun moyen de justifier le payement de la somme réclamée ; déclare qu'il n'y a pas lieu de délivrer le mandat. » C'était tout à la fois simple, commode et malhonnête.

Doncre en resta-t-il là ou fit-il de nouvelles tentatives, nous l'ignorons ; mais dans les dernières années de sa vie il disait et redisait en plaisantant, « l'Administration me doit toujours une somme de cinq à six mille livres que je n'aurai jamais la peine de quittancer » (1).

Suivant M. Terninck, l'Eglise transformée en « Temple de la *Raison*, vit, ô profanation ! une femme, une actrice éhontée, s'asseoir sur l'autel du vrai Dieu, étaler à la place du Tabernacle une indécente toilette, et recevoir les hommages, humer les parfums, l'encens, qu'un peuple insensé refusait à son Dieu » (2).

D'après M. Proyart « sur le Tabernacle,

(1) Le Gentil. *Dominique Doncre,* pages 27 à 31.
(2) Arras. Page 153.

on plaça une énorme statue de pierre qui représentait la divinité du jour. »

« Cette même église, ajoute le même auteur, servit de salle de bal où tous les jours de décade la populace venait se réunir aux soldats qu'elle pouvait entraîner pour y danser. Là, se passèrent des orgies que la plume ne saurait retracer. Aux principales fêtes de la nation, de nombreux cortèges, après avoir parcouru les rues et les places de la ville, suivis des autorités civiles et militaires, se rendaient dans ce Temple, ou un orateur terminait la solennité par un discours plus ou moins furibond et toujours extravagant. Le soir, on s'y livrait aux danses les plus dissolues, aux indécences les plus ordurières.

A la place des autels latéraux s'élevaient d'immenses buffets garnis de comestibles et de boissons de toute espèce. C'était le rendez-vous des mauvais sujets les plus éhontés et des vagabonds les plus immondes. »

Il est certain « qu'une maçonnerie construite en forme de montagne » fut élevée dans le Temple et qu'au haut fut juchée la statue de la Liberté, due probablement au sculpteur Le Page.

Le 6 prairial (25 mai), le Temple de la *Raison*, se trouva dédié à l'*Etre Suprême*. A cette occasion, la Municipalité avait « autorisé le commissaire aux ouvrages à faire inscrire en lettres d'or et sur le marbre le décret de la Convention qui reconnaît au nom du peuple français, l'existence de l'Etre Suprême et l'immortalité de l'âme, pour être placé au dessus de la porte du Temple, dédié à l'Etre Suprême. »

Cette gradation dans les qualité et quantité de patronages n'augmenta ni le respect du lieu, ni la religion de ses habitants. La même licence et la même obscénité continuèrent à régner dans les ébats chorégraphiques auxquels on persista à s'y livrer de six heures à minuit, tous les décades et jours de fête.

Temple et salle de bal tout à la fois, l'ex-église, devint le local où se convoquaient les citoyens réunis en assemblée générale; et là où, à certains jours, éclatait la joie la plus bruyante, se passèrent à certains autres, les drames les plus terrifiants.

Après s'y être rendu le 6 prairial (25 mai), pour donner son opinion sur les lettres adressées à la Commune par Guffroy contre Le Bon, le peuple y fut appelé par ce dernier, pour assister à l'interrogatoire de Dauchez, maçon à Wailly.

« Un paysan de Wailly, dit M. Paris, Pierre-Joseph Dauchez, voulant se soustraire à la réquisition, avait passé plusieurs mois dans une cachette souterraine dissimulée au fond d'une grange. » « Il n'avait jamais été doué d'un esprit bien solide, pendant sa réclusion, sa tête se troubla. Après un sommeil léthargique, il fit accroire à sa mère et à ses deux sœurs qu'il était ressuscité. Dauchez père était moins crédule ; mais il avait bu une bouteille, et la raison ne lui permettait plus de savoir ce qu'il faisait, il convoqua ses voisins pour les rendre témoins du prétendu miracle (1), la Municipalité dressa aussitôt procès-verbal de ces faits.

» Le lendemain le District prit à son tour les arrêtés suivants : « Vu le procès-verbal tenu par la Municipalité de Wailly, le 13 prairial dans la nuit, duquel il résulte que, dans la maison du nommé Pierre Dauchez, maçon, demeurant audit Wailly, il s'est fait un sabbat et des grimaces qui rappellent le fanatisme catholique ; le District d'Arras, ouï l'agent national, arrête que le nommé Pierre Dauchez, sa femme, ses deux filles et son fils seront amenés par-devant l'Administration, dans le jour, pour y être interrogés. »

» Le secrétaire donne lecture des interrogatoires. Il en résulte que, sans pouvoir pénétrer le motif qui les a portés, hier soir à faire une orgie dans laquelle ils ont fait figurer Dauchez fils comme venant de ressusciter, ces individus ont donné des marques d'un fanatisme et d'un égarement de raison qu'il est à propos de comprimer.— Arrête qu'il sera aussitôt fourni audit Dauchez fils une veste, une culotte, des bas et des souliers, au lieu du linceul dont il est couvert, et qu'il sera mis en état d'arrestation, avec son père, dans la maison dite des Baudets, et que la femme et les filles de

(1) *Histoire de Joseph Le Bon*, tome 2, pages 220 et 221.

Dauchez seront mises en état d'arrestation dans la maison dite Abbatiale. — La copie des présentes et des interrogatoires sera envoyée au Comité de sureté générale et à Joseph Le Bon. »

En exécution de cet ordre, on emprisonna tous les membres de la famille Dauchez.

Joseph Le Bon imagina de transformer la ridicule affaire de Wailly en crime d'Etat, et de lui donner des proportions gigantesques. Il fit convoquer le peuple au Temple de la *Raison*, y parut entouré de ses satellites, le sabre au côté et deux pistolets à la ceinture, fit placer les cinq prévenus sur une estrade élevée ; au milieu du père, de la mère et des sœurs, se voyait le fils, surnommé le saint, couvert d'un sale drap de lit, des livres en mains, plusieurs à ses côtés, un Christ à ses pieds, une bougie allumée entre les jambes.

Procédant à leur interrogatoire, il s'adressa d'abord au fils et le tourmenta violemment. — *oui* et *non*, *Jésus-Christ*, voilà tout ce qu'il en obtint. — « Nous allons voir, lui dit-il, si ton Jésus-Christ te ressuscitera dans cette affaire. » La mère du jeune homme gardait le silence et levait les yeux au ciel. — « Je vais faire un miracle, cria Le Bon ; je vais faire parler cette vieille. » Il tira un de ses pistolets, et la mettant en joue, il lui crie : « Parle ou je te brûle la cervelle. — Voyez-vous cette fanatique qui ose lever les yeux au ciel ? Voilà comme ils font tous ; quand ils sont dans l'embarras, ils s'adressent toujours là comme s'ils pouvaient en obtenir quelque chose. » Pour terminer cette affreuse parade, Le Bon fit promener processionnellement la famille Dauchez dans les nefs latérales de l'ancienne église, il la renvoya ensuite au Tribunal révolutionnaire, où tous furent condamnés à mort.

A quelques jours de là, le 12 messidor (30 juin 1794), le Tribunal se transporta au Temple de la *Raison*, dit encore M. Paris, pour y tenir une séance extraordinaire. On y avait exposé sur un amphithéâtre encore revêtus de leurs costumes religieux, dix Recollets de Cassel, Saint-Omer et Lens ; deux Carmes déchaussés, l'un de Rouen, l'autre de Saint-Omer ; trois prêtres ; cinq religieux. Ces malheureux arrêtés à Ypres et constitués prisonniers par « ordre du commandant de cette place pour être conduits à l'accusation du Tribunal criminel révolutionnaire avaient été écroués aux Baudets le 10 messidor » (28 juin) (1).

Le Tribunal criminel, n'étant pas au complet, s'adjoignit un juge civil qui d'aventure se trouvait dans l'assistance ; la plupart des accusés ne sachant pas le français ne pouvait ni comprendre la question relative en leurs noms, ni y répondre. On passa outre. Le juge civil voulut que l'acte d'accusation ouï, et les conclusions de l'accusateur public entendues, on procédât à l'interrogatoire des accusés. Le président

(1) *Même histoire*, tome 2, page 262.

estima que ce serait *trop long*, et que c'était une *affaire faite*. « Convenez-vous, leur demanda-t-il être les auteurs des sermons que vous prêchiez ? Ils répondirent oui. Les femmes furent regardées comme complices, et ils furent tous envoyés à la mort. »

On les conduisit processionnellement à l'échafaud « insultés par la populace, ils chantaient l'office des morts ! »

Le 23 messidor (11 juillet 1794), la Municipalité décida que la montagne supportant la statue de la Liberté dans le Temple de la *Raison*, serait démolie pour faire place à un simple piédestal, et que, de plus les bonnets rouges dont étaient coiffés les personnages des tableaux du même local seraient peints « aux trois couleurs. »

Enfin, le 30 thermidor (17 juillet 1794), pour donner satisfaction à l'opinion publique, et mettre un terme à des scandales qui, trop longtemps outrageusement perpétués, devenaient de plus en plus criants, la suppression des bals ou, pour mieux dire des bacchanales de ce Temple, fut arrêtée, « par mesure d'économie et à cause des *vols* et des *actes immoraux* qui s'y commettaient. »

De l'an III jusqu'au moment où l'ancienne église fut rendue au culte en exécution du Concordat, le Temple de la *Raison* continua à servir aux fêtes décadaires et patriotiques, et de lieu de réunion pour certaines assemblées civiques. Passant sous silence ces choses plus ou moins insignifiantes, nous nous bornerons à rapporter deux solemnités qui dépassèrent en ridicule et en extravagance tout ce qu'il est possible d'imaginer.

L'une dite *Fête de la Souveraineté du Peuple*, l'autre appelée *Fête des Epoux*, qui eurent lieu les 30 ventôse an VII (20 mars 1799) et 10 floréal (29 avril) de la même année.

Laissant de côté ce qui, pour la première de ces fêtes, se passa dans la Maison commune et dans les rues de la ville, arrivons à ce qui se fit au Temple.

Le cortège, laborieusement organisé par la Municipalité, étant parvenu au monument décadaire, « la force armée s'arrêta pour laisser passer les personnes qui devaient assister à la cérémonie, leur présenta les armes en signe d'honneur, et entra après elle dans le Temple. L'édifice était décoré des statues de la *Liberté*, de l'*Egalité* et de la *Raison*. On y voyait les deux tableaux de Doncre, représentant la *République française triomphante* et le *Peuple français terrassant le despotisme*. On avait joint, dit la narration, un accroissement d'ornements analogues à la circonstance. Au milieu du Temple s'élevait une vaste estrade. Une statue y paraissait debout sous un dais ; elle tenait d'une main un *Cercle, symbole de l'immortalité*, et de l'autre *un Sceptre antique incliné sur les Tables de la Loi*. Elle foulait aux pieds des emblèmes du royalisme, parmi lesquels on distinguait des rouleaux intitulés : **Capitu-**

laires, *Décrétales, Maximes du droit féodal, Pamphlets royaux et anarchiques* ; aux colonnes de l'estrade étaient suspendus des trophées, des festons, des drapeaux tricolores et des inscriptions. Contre ces colonnes, on avait placé sur des cippes les bustes de *Brutus*, de *Guillaume Tell*, de *Voltaire* et de *Rousseau*. Les groupes qui avaient figuré dans le cortège se placèrent sur des piédestaux autour de l'autel et de la statue. Les vieillards s'assirent en face, dsur es fauteuils, ayant à côté d'eux leurs appariteurs, les faisceaux abaissés. Les autorités se rangèrent sur l'estrade. »

Il importe de dire ce qu'étaient les groupes du cortège, ils en valent certes bien la peine :

« Le premier groupe était celui de l'*Agriculture* : elle était figurée par une *jeune citoyenne* couronnée d'épis, portant une bannière surmontée d'une petite gerbe, sur laquelle était cette légende : *chez un peuple libre, l'Agriculture est le premier des arts.* Quatre enfants des deux sexes tenaient auprès d'elle les emblèmes et les attributs du Labourage.

» Le deuxième groupe était consacré à l'*Industrie* et au *Commerce* ; la personne qui les reproduisait avait une bannière surmontée d'une balance, d'un mètre et d'un caducée terminé *par une main ayant un œil dans le milieu.* Suivant les ordonnateurs de la fête, c'était le symbole de l'*activité*, de la *vigilance* et de l'*équité*. Sur la bannière, on lisait : *l'Industrie et le Commerce honorés chez une nation souveraine.* Aux côtés de cette personne, se voyaient quatre *enfants mâles* : l'un avait sur la tête un *chapeau ailé* et tenait un drapeau tricolore, le second portait l'emblème du nouveau système des poids et mesures, les autres montraient les attributs des arts mécaniques.

» Le troisième groupe était attribué aux *Arts d'agrément*, représentés par une *Muse*, ayant sur la tête une couronne de *plumes* et de *perles* : elle tenait à la main une bannière surmontée d'une flamme *pétillante*, avec cette devise : *les Beaux Arts concourent à la splendeur des républiques*. Quatre jeunes personnes l'entouraient figurant la *Poésie et la Littérature*, la *Musique*, la *Peinture* et l'*Eloquence*. « Cette dernière avait pour emblème, une trompette, une flûte, des rouleaux d'écrits et des livres desquels paraissaient *jaillir* des éclairs et des *fleurs*, » dit le programme.

» Le quatrième groupe était attribué aux *Sciences*; elles apparaissaient sous les traits d'une *Minerve*, ayant sur la tête un *bonnet en forme de casque*, entouré de lauriers et tenant une bannière où était écrit : *les Sciences chez un peuple libre s'élèveront à la perfection*. Quatre *Génies* l'entouraient avec les emblèmes de la *Géométrie* et de l'*Astronomie*, de l'*Histoire* et de la *Philosophie*, de la *Chimie*, de l'*Anatomie*, de l'*Economie politique* et de la *Législation*. »

» Quant aux dix vieillards choisis « dans les classes ouvrières, commerçantes, propriétaires et militaires, » chacun d'eux tenait à la main « une baguette blanche. » D'après les instructions du gouvernement, c'étaient les principaux personnages de la fête, car ils étaient chargés de représenter le *Peuple français souverain*. Aussi deux appariteurs marchaient devant eux, avec des *faisceaux*, un adolescent faisait flotter au-dessus de leurs têtes une bannière avec ces mots : *au Peuple souverain*, et deux jeunes personnes se tenaient à leurs côtés, l'une avec une *couronne*, l'autre avec des *lacs de rubans tricolores*.

» Ces groupes s'étant donc placés sur leurs piédestaux respectifs, ce qui probablement veut dire, estrades, et les vieillards ayant gravement pris siège, la cérémonie commença.

» Un roulement de tambour se fit d'abord entendre ; puis l'orchestre exécuta une symphonie, et ensuite on chanta un hymne sur la *Souveraineté du Peuple*. Le programme apprend que les paroles étaient du *citoyen Leducq*, *homme de loi*, et la musique du citoyen *Glachant* ; après cette introduction, les vieillards s'approchèrent de l'autel de la Patrie et remirent leurs baguettes entre les mains du plus âgé d'entre eux. Celui-ci en forma un faisceau qu'il entoura de rubans tricolores présentés par une *jeune citoyenne*. Une autre vint lui offrir la *couronne de laurier* : il la plaça sur le faisceau, qu'il déposa sur l'autel. Puis il prononça quelques paroles dont le texte avait été dicté par l'arrêté du Directoire. Le Président de l'Administration centrale y répondit aussi par une formule sacramentelle et le tout fut salué par la *Marseillaise*, que le public chanta en chœur. Comme final, le plus âgé des vieillards s'approcha de l'autel, et ayant arraché les rouleaux que la statue foulait sous ses pieds, il les lança dans un foyer qui brûlait au bas des degrés. Le Président de l'Administration départementale monta alors à la tribune, et, après un roulement de tambours, il lut la proclamation du Directoire relative aux élections de l'an VII. La cérémonie fut terminée par un chœur exécuté par des amateurs, et par le *Chant du Départ*, exécuté par la musique (1). »

Voyons maintenant la seconde fête :

« Pour la recommander, la Municipalité dit que « son but moral est de rendre plus respectable et plus sacré le lien qui assure le repos des Familles et l'honneur de la Société..... » la cérémonie consista comme d'habitude en un cortège qui se rendit de la Maison commune au Temple décadaire. Voici comme il était composé : trompettes et tambours, les enfants des hospices ; au milieu des deux files, une jeune orpheline portant une bannière avec cette inscription : *la Patrie et la Bienfaisance nationale protègent nos jeunes ans*. Les enfants des écoles primaires, aussi en deux files, les garçons à droite ; des enfants des deux

(1) Lecesne. *Arras sous la Révolution*, tome III.

sexes portant des bannières sur lesquelles on lisait : *Amour, respect et reconnaissance aux auteurs de nos jours, à la tendresse paternelle,* — la tendresse maternelle était oubliée, on ne sait pourquoi, — l'état-major et les fonctionnaires militaires. Une groupe de vieillards avec leurs enfants et petits-enfants ; leur bannière avait pour inscription : *Une postérité nombreuse et fortunée est l'effet d'un hymen bien assorti.* Les fonctionnaires de l'Ordre judiciaire et la comptabilité. Tambours et musique. Groupes de mères au milieu desquelles de *jeunes citoyens* portaient le buste de J. J. Rousseau, que précédait une *jeune citoyenne,* tenant une bannière avec cette devise : *Au précepteur d'Emile, à l'ami des mères de famille et de la jeunesse.* Groupe de jeune époux *nouvellement unis*; on lisait sur leurs bannières : *A la tendresse, à la fidélité conjugales, aux vertus domestiques.* Enfin venaient les Administrations municipale et centrale. La marche était fermée par les vétérans nationaux et bordée par une haie de soldats. Dès que le cortège fut parvenu au Temple décadaire, des *commissaires appariteurs* assignèrent à chacun la place qu'il devait occuper et la musique exécuta *l'hymne de la Nature.* Alors un roulement de tambours se fit entendre, et le Président de l'Administration municipale prononça un discours, dans lequel il expliqua *l'objet et le but de cette institution républicaine.* Pour joindre l'exemple au précepte, on procéda **aux mariages** qui attendaient leur célébration ; après quoi la musique joua l'air : *Où peut-on être mieux qu'au sein de sa famille*, et d'autres analogues à la circonstance. Elle termina par la *Marseillaise* et le *Chant du Départ*, et le cortège retourna à la Maison commune (2).

Voilà, ce par quoi, les inventeurs du culte de la *Saine Raison* et de « l'Etre Suprême » avaient remplacé la religion catholique et ses imposantes cérémonies.

Voilà les mascarades théâtrales et burlesques auxquelles étaient obligatoirement tenus de se prêter, non-seulement autorités et fonctionnaires de tous genres, mais encore quiconque voulait n'être pas traité en suspect.

S'il est difficile de comprendre que les anciens augures aient pu se regarder sans rire, qui expliquera :

Comment pouvaient garder leur sérieux les génies, minerves, déesses, muses *et cætera*, figurant dans ces jongleries en oripeaux de foire, avec accompagnement de bannières, banderoles, caducées, bonnets en forme de casques, chapeaux ailés, lacs tricolores, couronnes de plumes, etc., etc., « mains avec un œil dans le milieu ? »

Comment le plus âgé des vieillards, pouvait gravement déposer sur l'autel de la Patrie son fagot enrubanné, en récitant la formule boursoufflée qu'avait arrêtée le Directoire ?

(2) Lecesne. *Arras sous la Révolution*. Tome III, pages 356 et 357.

Comment surtout dans la *Fête des époux*, où l'on préconisait tant, la famille, la tendresse et la fidélité conjugale, la postérité nombreuse, *et cætera*, on avait pu choisir comme idéal de ces belles choses, l'homme dont l'existence n'avait été qu'un concubinage perpétuel, et qui avait laissé le soin d'élever sa progéniture à la charité publique ?

Un mot encore et nous laisserons cette sanglante époque d'affolement pour arriver à des temps moins troublés, au Consulat, au Concordat.

L'Eglise de St-Nicolas, on l'a vu plus haut, avait été autorisée à s'approprier les orgues de l'Eglise St-Jean-en-Ronville. Soit que cette appropriation n'eut point eu lieu, soit que l'on eut jugé bon de remplacer ces orgues par celles de l'église Ste-Croix « qui avaient, dit M. Lecesne, une grande célébrité dans le pays », la Municipalité avait écrit au Département le 19 Messidor an VII (7 juillet 1794) : « Nous avons reçu votre lettre du 16 de ce mois, relative aux buffets d'orgues que le Ministre des Finances vient de mettre à la disposition de celui de l'Intérieur, pour être placés dans les Temples décadaires, d'après une délibération des Administrations centrales des Départements. Il n'existe dans les édifices publics de ce canton ou dans les magasins nationaux d'autres buffets d'orgues que celui de la ci-devant Eglise Ste-Croix, que vous nous avez accordé pour être placé dans le Temple décadaire. Nous vous prions de confirmer cette autorisation ». Cette décision fut accueillie et le 7 Brumaire an VIII, le jeu d'orgues de l'église Ste-Croix était transporté dans le local désigné (1),

D'où il suit que les grandes orgues de l'Eglise de St-Jean-Baptiste sont bien celles de l'Eglise Ste-Croix. Mais, ou les orgues ont fait de grands progrès depuis que celles-ci jouissaient de tant de réputation, ou ces dernières ont été altérées, car, malgré une restauration dispendieuse et relativement récente, leur jeu laissa beaucoup à désirer jusqu'au moment de leur restauration et transformation en 1884.

Quant aux boiseries de l'orgue, c'est tout différent, elles sont fort remarquables.

Conçues dans le style de la fin du règne de Louis XIV, elles se divisent en deux portions bien distinctes :

Un petit buffet sur le devant de la tribune, composé de trois parties reliées par des chantournements à palmes et denticules ; la partie médiane est plus haute que les deux autres, toutes trois sont surmontées de petits anges.

Un grand buffet en arrière, composé encore de trois parties couronnées de riches entablements ornés de consoles, et que rattachent des palmes. Plus basse que les deux autres, la partie du milieu supporte la statue du Roi prophète, aux pieds duquel

(1) Lecesne. *Arras sous la Révolution*, tome III, page 376.

sont deux anges. Chaque partie latérale supporte également un ange. A mi-hauteur, s'accroche à droite et à gauche, soutenu par de grandes palmes, un autre ange buccinateur.

D'une belle ordonnance, d'une exécution large, cet ensemble accompagné de balustrade inférieure et de balustrade supérieure, de coquilles, urnes enflammées et autre motifs ornementaux, est tout à la fois gracieux et important.

TROISIÈME PÉRIODE

1794 à 1885.

Les édifices anciennement consacrés au culte catholique et encore dans les mains de la Nation, ayant dû, en exécution de l'article 12 de la Convention concordataire intervenue entre le Gouvernement français et Sa Sainteté Pie VII, le 26 messidor an IX (15 juillet 1801), ratifiée le 23 fructidor suivant (10 septembre), être mis par arrêtés préfectoraux à la disposition des Evêques aux termes de l'article 75 de la loi du 18 germinal an X (8 avril 1802), et M. l'abbé *Hugues-Robert-Jean-Charles de la Tour d'Auvergne Lauraguais* ayant été nommé le lendemain Evêque d'Arras, par arrêté du

Premier Consul (1), une importante cérémonie ne tarda pas à avoir lieu dans l'ancienne église Saint-Nicolas-sur-les-Fossés.

Le 5 juin en effet, veille du jour de la Pentecôte, il y fut installé sur son siège épiscopal, par M. l'abbé Delaune, ancien Chanoine de la Cathédrale d'Arras, délégué de Monseigneur l'Archevêque de Paris.

En entrant dans l'Eglise, où il était processionnellement conduit par le Clergé, accompagné des autorités civiles et militaires et escorté des troupes de la garnison, Monseigneur donna une preuve de cette énergie qu'il avait si souvent montrée.

Du seuil de la Cathédrale, le Prélat, dit son biographe Jules d'Auriol, apercevant un bonnet rouge placé sur l'une des statues du chœur, il s'arrêta aussitôt, et se tournant vers le préfet, M. Poitevin de Maissemy qui l'accompagnait :

« Je ne ferai pas un pas de plus, lui dit-il avec résolution, si vous ne faites enlever

---

(1) Napoléon eut toujours Monseigneur en estime particulière.

En 1803 il lui envoya une riche bague en émeraude avec ces mots :

« Monsieur l'Evêque d'Arras,

» Je vous envoie cette bague, désirant que vous la portiez en souvenir de moi. »

Il le chargea de la bénédiction des Aigles au camp de Boulogne, et lui remit lui-même les insignes de la Légion d'honneur qu'il instituait alors.

Il le nomma enfin baron de l'Empire.

à l'instant cet emblême de sang qui profane le sanctuaire. »

Le préfet hésita ; ses sympathies arrêtaient sans doute l'ordre sur ses lèvres; ceux qui connaissent cette triste époque savent que les emblêmes de la Terreur existaient encore officiellement et que leur suppression eut été considérée comme un coup d'Etat. La stupéfaction fut donc grande au milieu des débris républicains qui escortaient Monseigneur d'Arras ; mais la résolution et la majestueuse attitude du Prélat imposèrent, et l'ignoble bonnet rouge fut enlevé du chœur. Alors seulement le cortège reprit sa marche (1). »

L'installation eut lieu en présence de tous les anciens curés de la Ville et de la Cité (Porion excepté), savoir :

MM.

Rambure, curé de Saint-Jean-en-Ronville.

Dupuich, curé de la Maleleine.

Mathelin, curé de Saint-Géry.

Mathelin, curé de Saint-Maurice.

Ernoul, curé de Saint-Etienne.

Pocho, curé de Sainte-Croix.

Soualle, curé de Notre-Dame au Jardin, ou la Chapelette.

Duquesnoy, curé de Saint-Nicaise.

Ledieu, curé de Saint-Aubert.

Vasseur, curé de Saint-Nicolas-en-l'Atre.

(1) *Notice sur Son Eminence Monseigneur le Cardinal de la Tour d'Auvergne Lauragais*, pages 22 et 23.

Aussitôt après son installation, Monseigneur donna l'*Osculum Pacis* à M. Delaune, ainsi qu'au autres membres du Clergé, entonna le *Te Deum*, érigea l'église en Cathédrale, sous l'*invocation de la Sainte-Vierge*, en souvenir sans doute du vocable de l'antique Cathédrale détruite, et plaça la paroisse sous celui de *Saint-Jean-Baptiste*. Ce qui n'empêcha pas le peuple, comme le remarque fort bien M. Proyart, de conserver longtemps encore à l'église, le nom traditionnel de *Saint-Nicolas-sur-les-Fossés*.

Le lendemain, jour de la Pentecôte, Monseigneur officia pontificalement avec l'incomparable majesté qui caractérisa sa personne pendant les cinquante années de son pontificat à Arras.

Le 3 juillet, sur la présentation de Monseigneur, les citoyens Linque, Braisne, Duquesnoy fils, et Lallart furent, par arrêté préfectoral nommés administrateurs provisoires de la Fabrique de la Cathédrale, chargés de veiller à l'entretien et à la conservation du temple et à l'administration des aumônes et oblations. Ils devaient siéger sous la présidence de M. Delaune, représentant de l'Evêque, et nommé par lui maître de Fabrique.

La première grande cérémonie funèbre qui eut lieu dans la Cathédrale, fut le service solennellement chanté « pour les défenseurs de la patrie morts aux armées » Un obélisque fut à cet effet dressé par les soins des administrateurs, à qui les marchands de drap de la ville fournirent gratis les étoffes noires nécessaires pour les tentures de l'église.

Le 29 juillet, les administrateurs achetèrent du « citoyen Het, tanneur, un confessionnal en chêne, moyennant la somme de 60 livres ; » pour le 5 août, ils en acquirent deux autres également en chêne, « du citoyen Couteau, propriétaire, moyennant la somme de 200 livres. »

Le 28 août suivant, en exécution de l'avis donné par Portalis, conseiller d'Etat chargé de toutes les affaires du culte, et de l'Ordonnance de l'Evêque concernant le rétablissement de la procession commémorative de la levée du siège d'Arras en 1654, les administrateurs : « Considérant que l'évènement mémorable pour lequel ladite procession a été instituée a affranchi les habitants de cette commune du joug des ennemis de la France sous lequel ils étaient près de tomber ; qu'elle rappelle en même temps à leur souvenir que c'est à un des illustres ancêtres de notre Prélat qu'elle doit le bonheur d'avoir été conservée à la France à cette époque ; que d'ailleurs l'enthousiasme avec lequel nos concitoyens pourront célébrer cet évènement heureux, ne sera qu'un nouveau gage de leur fidélité envers le Gouvernement, résolvent à l'unanimité de donner toute la pompe possible à cette procession. »

Le 9 septembre, un particulier ayant offer de céder à la Cathédrale un calice en vermeil très beau et sans payer de façon, il fut résolu de l'acheter sur le pied de l'estimation qu'en ferait un orfèvre, dont trois cents livres payables comptant et le surplus deux mois après.

Le 26 du même mois, un arrêté du préfet accorda à la Cathédrale « le trône épiscopal et les stalles existant dans la ci-devant Cathédrale de Saint-Omer. » Ce trône fut placé du côté de l'épitre, contre le pilier le plus rapproché du maître-autel.

En vertu des pouvoirs octroyés par le Cardinal Caprara, Légat *a latere* du Saint-Père, Monseigneur procéda, le 30 octobre suivant, dans la Cathédrale, à l'installation de son Chapitre institué la veille. Indépendamment des deux Vicaires généraux, il était composé de huit Chanoines titulaires qui étaient :

MM.

Gilles-François Delaune, du diocèse de Paris.

Jean-Sévère Frélaut, du diocèse de Rheims.

Jacques-Alexis Lemaire, du diocèse d'Arras.

Jean-Baptiste Lefebvre, ancien docteur de Douai, professeur au séminaire.

François-Joseph du Châtelet, du diocèse d'Arras.

Constant-Joseph Gosse d'Ostrel, du même diocèse.

Jean-Baptiste Mouronval du même diocèse.

Louis-Honoré Morel, du diocèse d'Amiens. (1).

Le 21 décembre les administeurs autorisèrent l'exécution de quatre chasses en bois de chêne fermant à clef, afin d'y déposer les reliques, au nombre desquelles se trouvait le corps entier de Saint-Vaast.

Au cours de 1802, mais à une date que nous ne saurions préciser, la dévotion au *Calvaire d'Arras* avait été remise en honneur par la plantation d'un nouveau Calvaire au milieu du fond du bras de croix, côté de l'épitre. Ce Calvaire dont le beau corps de *Christ mort* avait été sculpté par Le Page et peint par Doncre, figure maintenant dans la Cathédrale actuelle. Immédiatement après son érection, il fut lamé des *ex-voto* d'argent que les pélerins apportaient en foule, au temps de la Pentecôte surtout, époque a laquelle leur concours était tel qu'on étouffait dans l'église.

A gauche du Calvaire fut contre le mur latéral du même bras de croix, placé l'autel du Calvaire,

---

(1) L'abbé Fanien. *Histoire du Chapitre d'Arras*, page 522.

En 1814, le Chapitre d'Arras, comptait au nombre des Chanoines titulaires, quatre anciens Abbés de Marchiennes, Marœuil, Eaucourt et Dommartin, qui pouvaient porter la croix pastorale d'or et l'anneau abbatial ; et de plus un ancien Comte de Lyon, qui portait également croix distinctive de cette dignité.

Le 29 janvier 1803, installation par le citoyen Delaune, prêtre, Chanoine, Archidiacre de la Cathédrale, du citoyen Pelletier, en qualité de curé de la paroisse de Saint-Jean-Baptiste en ladite Cathédrale.

Le 4 février, translation de l'Evêché à la Cathédrale des reliques de Saint-Vaast, dont chaque partie enveloppée d'une étoffe de soie fut liée d'un ruban cacheté aux extrémités, lesquelles furent placées par l'Evêque avec les authentiques et procès-verbaux de translation dans une chasse en bois, peinte extérieurement en marbre, et portant la légende : *Corpus Sancti Vedasti episcopi atrebatensis.*

Le 5 février, résolution de convertir en stalles pour les Chanoines de la Cathédrale, les boiseries du Chapitre de Saint-Vaast, mises à la disposition de l'Evêque par le Ministre des finances. Décision par suite a lieu « de faire placer les dites boiseries dans le chœur de la dite église, en forme de stalles hautes et basses, de prolonger le dit chœur de sept pieds, à partir du second pilier en venant du sanctuaire, de terminer le chœur d'équerre avec lesdites stalles, et de remplir le vide du milieu vis à vis la grande nef, par les grilles en fer existant dans ladite Cathédrale, » décision intéressante en ce qu'elle donne les dimensions du chœur agrandi alors, lesquelles sont approximativement celles du chœur actuel. Annonce du don qui a été fait à l'église, de la *Custode du Saint-Cierge,*—sur laquelle on peut consulter les travaux de MM.

Proyart et de Linas, de l'*Autel de la Vierge* — et de sa *Statue*, objets méritant une étude particulière.

Placé au fond de la nef de l'Evangile, l'Autel de la Vierge, de style Louis XIII, où dominent les marbres rouge, blanc et noir, est aussi remarquable en lui-même qu'intéressant par son origine.

Examinons-le d'abord, puis nous établirons sa provenance.

On monte à l'autel par deux marches découpées, dont la seconde en marbre rouge, évidemment ancienne, a été primitivement entourée d'une balustrade, ainsi que l'indiquent les trous pratiqués pour en recevoir les montants. Le carrelage en marbre blanc et noir de la plate-forme sise au-dessus de la marche, paraît aussi ancien qu'elle.

Le coffre de l'autel, en marbre rouge, à panneaux, avec socle et corniche en marbre noir de Sainte-Anne, affecte la forme ventrue de l'Epoque Louis XV. Au centre et aux angles abattus existent des motifs en marbre blanc.

Reposant sur deux gradins en marbre rouge, avec tablettes en marbre noir de Sainte-Anne, le rétable se compose de quatre colonnes torses en marbre blanc d'Italie, à chapiteaux d'ordre Corinthien, supportant un entablement dont l'architrave en marbre blanc est encadré d'une moulure inférieure et d'une corniche en marbre noir. La partie médiane de cette dernière se relève en archivolte de plein cintre de façon a former le haut d'une niche, ayant pour clef une tête ailée d'ange en marbre blanc, accompagnée sous la corniche, de quatre roses de même matière. Cet entablement est dominé par un attique en marbre rouge, surmonté de trois urnes de marbre pareil avec flammes en marbre blanc. Au-devant de l'attique sont deux anges en marbre blanc d'Italie, tenant une couronne de roses, et se reliant au vase central par des guirlandes de fruits et de fleurs. Les colonnes torses ont pour repoussoir des pilastres en marbre noir, entre lesquelles sont des plates-bandes en marbre blanc, ayant à la partie supérieure des têtes d'ange, et offrant ensuite une cascade de fruits et de fleurs, au milieu desquels se détachent, entourés de palmes : dans la plate-bande gauche, l'écusson des Raulin, *fascé de six pièces et de trois roses* (1), et celui de Dom Chasse, *de gueules à trois cornets d'or, liés de même, virolés d'argent* (2) ; dans la plate-bande droite, la *Croix ancrée* et le *Castrum nobiliacum* de Saint-Vaast, timbrés d'une couronne comtale, surmontée de la mitre et de la crosse en-dedans. Ce rétable est indubitablement ancien dans son intégralité.

Sur un gradin, derrière le Tabernacle d'un travail moderne, est une Vierge-Mère en marbre blanc du XIVe siècle, tenant sur le bras gauche l'Enfant-Dieu, et un Cierge de la main droite. Elle se détache sur un

(1-2) Voir le *Nécrologe de St-Vaast*.

fond de marbre rouge, avec gloire blanche à la hauteur de la tête de la statue.

Cet Autel, élargi au moyen de tables en marbre rouge, récemment ornementées par M. Buisine, se trouve complété par deux superbes panneaux en chêne de l'époque de Louis XIV, qui se rattachent aux boiseries du Sanctuaire et à celles du pourtour de l'Eglise.

La tradition a toujours été que cet Autel provenait de la Chapelle de Notre-Dame des Ardents, sise sur la Petite Place, et l'exactitude de cette croyance populaire s'est trouvée complètement démontrée par le travail si lumineux de notre regretté collègue M. Henri Wattelet, sur la Sainte-Chandelle d'Arras. Il y est effectivement établi, d'une façon authentique et péremptoire, que sauf certaines parties disparues et restituées par Le Page, l'Autel de la Vierge, de l'Eglise Saint-Jean-Baptiste, n'est autre que celui du Sanctuaire de la Rotonde.

Lorsqu'en 1791 il fut question de démolir le Joyau architectural de la Ville, la fameuse Pyramide, et la Chapelle y annexée, les Mayeurs et membres de la Confrérie de Notre-Dame des Ardents offrirent, le 2 juillet, d'abandonner à la Commune « les bâtiments et édifices » sous la réserve, néanmoins, « du mobilier, des Autels, boiseries, balustrades, ornements et autres effets garnissant ladite Chapelle et y déposés, lesquels seraient transportés dans la « Chapelle du Préau dite du Tripôt », appartenant à la Confrérie.

Cession et conditions acceptées le même jour par le Corps municipal de la Commune, sur les conclusions de son Procureur.

C'est ici qu'il importe de suivre pas à pas, afin de bien établir la provenance et l'identité de l'autel, l'exposé fait par M. Henri Wattelet, avec ses traditions et souvenirs personnels, ses papiers de famille et les documents authentiques qui les corroborent.

« Comme il était impossible de tout déposer dans la Chapelle du Préau, les Mayeurs de la Confrérie obtinrent de Mme veuve Wattelet un emplacement pour emmagasiner ce qui restait.

« Le 5 juillet, le sieur Bourgois, serrurier, déplaça *la grille, les balustrades et autres objets*, J. B., maître charpentier, enleva *l'autel et les marbres.* »

En 1802, M. Wattelet de la Vinelle, maire d'Arras — et père de notre narrateur, — s'empressa de rendre à la Cathédrale provisoire—actuellement Saint-Jean-Baptiste, — entièrement démeublée, le mobilier de l'ancienne Chapelle de la Petite-Place.

Dès le 5 août 1802, les Administrateurs consignèrent ce qui suit dans les registres aux délibérations « le citoyen Perlin, dépositaire des grilles provenant de chez M. Wattelet, réclame une somme de six livres pour le transport desdites grilles de la Cathédrale chez lui. Ladite assemblée, considérant que l'état de la caisse ne lui permet pas pour le moment de faire faire les changements nécessaires pour placer ces grilles à la Cathédrale, a résolu de les faire transporter au magasin de ladite église, de les faire, à cet effet, prendre chez le citoyen Perlin, à qui il sera délivré mandat de la somme de six livres. » (1)

Le 26 novembre 1802, M. Wattelet de la Vinelle remet encore « différentes parties de marbre, de grilles de fer, de boiseries et tapisseries provenant de la Chapelle du Petit Marché. »

« Faute de ressources, la Fabrique n'aurait pu immédiatement tirer parti de ces objets. L'ancien Mayeur de la Sainte-Chandelle avait conservé des fonds provenant de sa Confrérie, dont il avait liquidé les dettes. Il les employa à construire, avec les débris de la Chapelle du Petit-Marché, un autel de paroisse dédié à la Vierge. On lit en effet dans une délibération des administrateurs (5 février 1803), un membre observe qu'il a été fait présent à ladite Eglise d'un autel en marbre avec invitation de le faire placer de suite dans ladite Eglise, ce qui ayant été exécuté, les mémoires des sculpteurs, marbriers et autres ouvriers employés à cet ouvrage, se sont trouvés monter à la somme de 789 francs 15 sous, sur le champ payés par un citoyen qui n'a voulu être connu. »

(1) *Registre de la Fabrique.* Page 14.

On s'est demandé si l'autel de la Vierge de l'Eglise Saint-Jean-Baptiste est bien celui de la Chapelle du Saint-Cierge ? Il faut distinguer. L'état des ouvrages, livraisons faits par Le Page, sculpteur, à l'autel de la paroisse de la Cathédrale, désigne les parties nouvelles et permet ainsi de vérifier celles qui sont d'ancienne provenance :

« Payé pour un coffre d'autel en marbre. . . . . 80 fr.

« Payé trente deux journées au marbrier, compris les jours de route à 6 fr., porte. 192

« Payé pour deux morceaux de corniche en chêne 4

« Payé pour voitures du transport des marbres 5

« Employé chacun vingt-six jours avec un compagnon, à six francs, porte 156

« Pour la sculpture d'une gloire, d'une couronne en fleurs et d'une porte de tabernacle. 21

« Livré cent cinquante livres de platre préparé pour mastic. . 6

479 fr.

D'ou la conséquence évidente et incontestable, que toutes les parties en marbre du rétable de l'autel proviennent de la chapelle de la Rotonde.

Comment interpréter maintenant les armoiries figurant dans ce rétable ?

Deux hypothèses peuvent se présenter :
L'autel aurait été donné par Messieurs de l'Abbaye et Pierre Chasse, Mayeur en 1654—autorisée en 1648 la reconstruction de la chapelle détruite en 1640, ne fut parachevée qu'en 1655 — et un membre de la famille Raulin, ce qui expliquerait la présence des quatre écussons.

Ou bien l'autel aurait été donné par Chasse et Raulin, et les armoiries de Messieurs de St-Vaast auraient été sculptées en reconnaissance et manifestation de leur seigneurie tréfoncière spécialement affirmée et perpétuellement revendiquée par les deux pierres commémoratives de la construction de la pyramide, placées au dessus de la porte d'entrée et sur lesquelles on lisait :

« *Anno dominicæ incarnationis MCC. Hæc pyramis erecta fuit fundo sancti Vedasti per consensum Abbatis et Capituli.*

Sine quorum assensu nec, altare hic potest erigi, nec divina celebrari, nec aliud fieri. »

Après s'être si catégoriquement expliqué sur l'origine de l'autel de la Vierge M. Wattelet dit en ce qui concerne la statue placée au milieu du rétable.

« Ajoutons que pour compléter l'ornementation du nouvel autel, Mlle d'Aix, fille du dernier Mayeur des Ville et Cité d'Arras, fit présent le même jour — 5 février 1803 — à l'église Cathédrale « d'une Vierge en marbre pour être placée à l'autel dont s'agit, après avoir fait restaurer la dite Vierge à ses dépens » ; le procès-verbal n'indique pas autrement l'origine de cette statue : on ne peut donc affirmer avec une entière certitude qu'elle provienne de la chapelle du Petit Marché. Il est cependant à noter qu'elle tient dans la main droite, la partie inférieure d'un cierge qui a été brisé et qui est manifestement sculpté dans le bloc même. »

Il est à remarquer que le registre de la Fabrique de la Cathédrale ne mentionne pas plus l'origine de l'autel que celle de la Vierge. Que la provenance indubitable du premier n'est établie que par M. Henri Wattelet et que probablement Mademoiselle d'Aix aurait établi non moins indubitablement la provenance de la seconde, si elle eût été priée de le faire.

Quoi qu'il en soit, cette provenance probable aux yeux de tous, nous paraît moralement certaine.

Le registre Thieulaine contient ce « récit de la ruine de la chapelle, joindant la Pyramide au Petit Marché. »

« Les François aians assiégé ceste Ville le XIII° de juin 1640 et y jecté plusieurs coups de canons et de bombes, au mois de de Julet un coup d'icelles donna par terre et endommagea la maçonnerie, un autre donna au derrière de la chapelle, abattit la belle image de la Vierge Marie posée en une belle niche de bois, au-dessus de l'autel, dont ladite niche et la table dudit autel furent gattez et ruynez et partie de la muraille. Ladite image fut retrouvée par terre à travers du bas de la closture de ladite chapelle, les pieds devant, sans être en rien endommagée, nonobstant que de ce coup et du second, les vitres, croix, confanons, pavillons, tableaux de Mayeurs, aucunes images, chierges et ornementz ont esté gatez. Quy causa qu'un officier de la confrérie, en présence d'un Maieur, cacha en terre le Saint Chierge et le repava, d'où sortans eschappèrent aux autres coups de bombe, et pour éviter plus grande ruine et rétablir ladite image, les Maieurs firent à diligence réparer de bricques la muraille et poser ladite image sur ledit autel, et quelques jours après un autre coup de bombe — lesquelz coups l'on juge avoir esté jectez a dessein par huguenot ou athée, — duquel la muraille renouvellée fut abattue, partie du comble, lambris, plancher et sommiers, avec la mort de cinc à six personnes accravantées d'un blescé et les murailles en haut esbranlées, sans que ladite image en eut bougée, ny esté intéressée, ce qui causa de la transporter processionnellement en l'autre Chapelle d'icelle Vierge en la neuve rue, ou se continuent les dévotions, et les religieux Trinitois, par la ruine de leurs maison et Eglise, y font leur office. L'on a été contraint de desmolir la muraille qui menacoit ruine et de mettre les matériaux pardedans ladite Chapelle et remurer les huicz (1). »

(1) *Archives de la Confrérie de N.-D. des Ardents* à l'Evéché.

De ceci l'on peut induire que l'image vénérée de la Vierge, aura été bien plus révérée encore après sa merveilleuse, pour ne pas dire miraculeuse conservation, et qu'en 1791, ce qu'après le *Cereum* les Mayeurs et confrères auront pensé à sauvegarder dans le mobilier laissé à leur disposition, aura été cette même image.

Or, la statue de l'autel de la Vierge de Saint-Jean-Baptiste est du XIV° siècle.

Elle tient de la main droite non le sceptre symbole ordinaire de la Royauté, mais un Cierge sculpté dans le bloc même, ainsi que l'a fort bien observé et fait remarquer M. Wattelet.

Elle s'enniche si parfaitement, et à la hauteur voulue dans la vide ménagé entre deux colonnes et le relèvement de la corniche de l'entablement, que ce vide paraît avoir été précisément fait pour elle.

Elle a été donnée pour être placée à l'autel de la Vierge.

Elle a été donnée à la Cathédrale en même temps que cet autel et le Saint-Cierge, car la délibération du 5 février 1803, dont nous avons déjà transcrit deux passages, que nous croyons devoir reproduire afin de mieux en faire sentir la portée, et la corrélation de l'ensemble, dit textuellement.

« *Autel de la Vierge donné à l'Eglise.*

« Le même membre observe, en outre, qu'il a été fait présent à ladite Eglise d'un autel en marbre avec invitation de la faire placer de suitte dans ladite Eglise, ce qui ayant été exécuté, les mémoires des sculpteurs, marbriers et autres ouvriers employés à cet ouvrage se sont trouvés monter à la somme de sept cent quatre-vingt neuf livres quatorze sols qui a été sur le champ payée par un citoyen qui n'a voulu être connu.

« *Vierge donnée par Mlle d'Aix.*

» Mlle d'Aix a fait présent à ladite Eglise d'une Vierge en marbre pour être placée à l'autel dont s'agit, après avoir fait restaurer ladite Vierge à ses dépens.

» *Déposition de la Sainte-Chandelle et des tapis de la Chapelle.*

» Un citoyen de cette ville a déposé à la trésorerie de ladite Eglise, la Sainte-Chandelle dont l'enveloppe est en argent, plus cinq tapis représentant l'histoire de ladite Chandelle. »

Cela n'est-il pas de nature à indiquer, que c'est à la suite d'une entente, entre l'ancien Mayeur de la Confrérie, M. Wattelet, Mlle d'Aix et le possesseur de la custode et des débris du *Cereum*, M. Grimbert, que la Cathédrale s'est trouvée donataire de ce qui restait encore des reliques et du mobilier de la Confrérie des Ardents.

M. Henri Wattelet qui l'affirme en ce qui concerne la custode, ne le dit pas en ce qui touche la Vierge. Mais on conçoit facilement que celui qui, au péril de sa vie et de celle de sa mère, avait contribué à conserver et à sauver le Joyel et sa Relique en ait entretenu les siens d'une manière plus particulière que de ce qui avait été sauvegardé par d'autres.

Concluons en estimant que les présomptions graves, précises et concordantes qui précèdent équivalent à une preuve, et que la Vierge de Saint-Jean-Baptiste est bien celle qui depuis le XIV° siècle jusqu'en 1791, reçut les hommages de nos pères à Notre-Dame des Ardents. Qu'avant de figurer dans le sanctuaire de la Rotonde (1655) elle avait orné la chapelle de Sacquespée (1422), et avant cela l'autel primitif existant sous la Pyramide.

Qu'ainsi, sans être contemporaine de l'origine du culte du saint Cierge, elle remonte au temps où il était le plus en honneur à Arras, et qu'à tous les égards elle doit être religieusement conservée.

Et nous sommes heureux de pouvoir terminer en ajoutant que c'est ce que pense M. Proyart, dont l'opinion fait autorité en ces sortes de matières. Dans sa Notice, en effet, sur Saint-Jean-Baptiste, on lit : « Dans la nef du côté gauche, on plaça l'autel de marbre à colonnes torses de la chapelle de Notre-Dame des Ardents, avec la statue de la Sainte-Vierge, qui fut pendant tant de siècles, dans ce sanctuaire, l'objet de la vénération des peuples. »

Le 5 avril, translation de l'Evêché à l'Eglise de deux chasses en bois peintes extérieurement en marbre, garnies intérieurement d'étoffe de soie, contenant l'une « les reliques des saints : Ranulphe, — Adulphe, — Gratien, — Vindicien, — Aubert, — Fiacre, — Proyat, — Géry, — Estienne, premier martyr, — Nicaise, — Christine, vierge, — Jean-Baptiste, — Jacques, apôtre, — Clément, — Corneille, — Cyprien, — Crespin, — Crespinien, — Longin, — Xiste, — Hippolyte, — Cassien, — Félix et Nabor, séparément enveloppées dans des morceaux d'étoffe de soye, serrés d'un ruban aussi de soye cacheté aux extrémités », l'autre « les reliques de saints inconnus » enveloppées de la même manière, et d'une autre « petite chasse dorée et argentée, surmontée d'une statue de la Sainte Vierge et fermée de vitres scellées dans les montants et les traverses de ladite châsse », renfermant un os de saint Vigor enveloppé et scellé comme dessus ; auxquelles reliques étaient joints, dans chaque châsse, les Authentiques et procès-verbaux de translation.

Le 22 du même mois, il est résolu qu'avec les boiseries existant en magasin, il sera, en face du trône de l'Evêque, élevé sur deux marches une stalle avec prie-Dieu pour le Préfet, avec coussin et garniture en velours de coton bleu, galons en faux argent, et chiffre de ce fonctionnaire.

2 juin, les administrateurs provisoires de l'Eglise sont remplacés par un Bureau de Marguilliers, que composent, nommés par l'Evêque, M. Delaune, délégué de

Monseigneur, président, MM. Lallart de Bove, Linque et Braine, auxquels est ultérieurement adjoint M. Dupuich Boniface.

20 avril 1804, résolu « de faire placer près de la porte de la sacristie l'autel de marbre, donné par Monseigneur l'Evêque. »

21 juin, détermination de l'habit de chœur des chanoines.

« *Habitus choralis canonicorum hic erit ; nempe rochettus simplicis texturæ absque ullo denticulato ornamento; mozetta nigri coloris undulati, almutia alba nigris cuspidibus discriminata.*

Habitus D. Pr. œpositi idem erit ac canonicorum, eo tanto adjuto quod ipsius mozetta duas pelliceas margines ex petit gris aut vair globulis adstrictoriis parallelas habebit » (1).

22 juillet, « résolution de faire construire un trône en face de celui de Monseigneur l'Evêque, pour y recevoir l'Empereur, dont l'arrivée était très prochaine. »

28 octobre, prières célébrées par l'Evêque, et avec toute la pompe pontificale dans l'Eglise Cathédrale, « pour la prospérité du voyage de S. S. Pie VII à l'occasion du sacre de Napoléon Ier. »

13 novembre, ordonnance de Monsei-

___

(1) *Registre du Chapitre*, page 3. Sous l'Episcopat de Mgr Parisis, une croix pectorale fut octroyée par S. S Pie IX aux Chanoines qui, bien que pouvant la porter en habit de ville, ne la portent qu'en habit de chœur.

gneur permettant la publication de l'Indult de Son Eminence Monseigneur Caprara, légat apostolique de Sa Sainteté Pie VII, confirmation des indulgences accordées par Pie VI à la Confrérie des Trépassés, établie vingt ans plus tôt dans l'Eglise Saint-Nicolas-sur-les-Fossés, et nouvellement rétablie dans la Cathédrale.

Le banc des Marguillers est placé sous la fenêtre la plus rapprochée de l'autel de la Vierge, privilégié pour les morts.

Jusqu'en 1826, ces Marguillers eurent la prérogative de recevoir le pain bénit avant les autres fidèles, et d'assister à la procession du très Saint-Sacrement un flambeau à la main (1).

1er juin, résolution « de faire placer dans la tribune la table des anciennes orgues. »

30 juillet. L'assemblée des marguilliers, « considérant que le sieur Filippe, qui par un évènement malheureux a été tué hier en donnant ses soins au replacement de l'orgue, mérite tout son regret ; qu'elle n'a d'autre moyen de témoigner sa reconnaissance à sa famille qu'en se chargeant des frais de ses funérailles, a unanimement résolu de délivrer mandat au profit de M. Dollet qui en a fait les avances, de la somme de 179 livres 12 sols 9 deniers, montant des frais funéraires. »

15 août 1806, célébration de la fête du rétablissement de la religion, de l'Assomp-

(1) *Registre de la Confrérie.*

tion de la Sainte-Vierge, patronne principale de l'Empire, et de saint Napoléon martyr, patron de Sa Majesté Impériale et et Royale. Illumination, le soir, du portail de la Cathédrale (1).

31 octobre. Monseigneur de La Tour donne à la Confrérie des Trépassés les reliques des saintes Fauste, Digne et Aurelle, martyres, et des saintes Victoire, Vincente et Innocente, martyres, « chacune renfermées dans six reliquaires en cuivre vernis, en forme de bouquets, les reliques renfermées dans le milieu du bouquet dans une petite chasse ronde rapportée et en cuivre, ayant un verre sur le devant et fermée par derrière par une plaque en cuivre en forme de porte. » (2).

Quatre de ces reliquaires figurent encore à l'autel de la Vierge.

2 juillet 1807, résolution « de faire changer le banc d'œuvre pour être placé, en y faisant les travaux nécessaires contre le pilier vis à vis de la chaire, » laquelle était alors adossée contre le dernier de la nef de l'Evangile.

30 janvier 1808, résolution « de faire boucher en maçonnerie les deux croisées de l'église qui menacent ruine et exigent de grosses réparations, lesquelles croisées se trouvent, l'une, au-dessus de l'autel de la Sainte-Vierge, l'autre au dessus de l'au-

(1) *Registre du Chapitre*, page 9.
(2 Authentique conservé dans le Registre de la Confrérie.

tel près de la porte de la sacristie ; de faire renouveler en barreaux de fer la croisée au-dessus du banc des marguilliers des Trépassés, à côté de l'autel de la Vierge, ainsi que celle du côté de M. de Hauteclocque, au-dessus du confessionnal de M. Lourdel. »

2 mars 1803. « Sur la proposition d'un membre de l'assemblée qu'il était convenable, puisqu'on devait boucher la croisée au-dessus de l'autel de la Croix, près de la porte de la sacristie, de réaliser en même temps le projet dont on s'est plusieurs fois occupé, de faire faire à l'autel de la Croix les changements et travaux nécessaires pour le rendre plus décent et à effet de placer à cet autel les reliques de la Croix et des saints Vaast et Vindicien, il a été résolu de faire faire lesdits changements et travaux, suivant le devis estimatif qui en serait fait par David, architecte en cette ville d'Arras. »

15 avril. Estimation à 2,600 francs des travaux à faire aux quatre croisées sus-indiquées, et à 1,080 fr. de ceux à opérer à l'autel de la Croix.

10 février 1809, résolution de faire faire un nouveau trône pour Monseigneur, qui s'engage à fournir « à ses dépens le tapis en velours de soie et le coussin à placer sur le prie-Dieu, ainsi que le fauteuil et les deux tabourets et accessoires » et de ne pas dépasser pour ce trône le prix de 2,000 fr.

30 mai, résolution de « faire faire en velours rouge, conforme à celui employé

pour le trône de Monseigneur, un ornement complet pour la chaire de vérité et de l'orner en galon et frange d'or ou doré suivant ce qui a été observé pour le trône. »

26 décembre, résolution d'acheter, « deux chandeliers et une croix argentée, pieds à tombeaux pour être placés sur le banc de l'œuvre, et aussi une croix argentée, proportionnée à la hauteur des chandeliers du maître-autel, pour être placée audit maître-autel, sur le tabernacle. »

La dépense à faire est portée par aperçu à 2,000 francs.

25 juin 1810, résolution « de faire placer dans l'intérieur de la balustrade de l'orgue et des deux tribunes, une étoffe en laine rouge pour empêcher que le peuple voie ce qui se passe dans l'intérieur des tribunes qui servent de sacristie et dans laquelle les séminaristes, les chantres et les enfants de chœur se rendent pour s'habiller et se déshabiller. »

10 mai 1811. Organisation de la nouvelle Fabrique, substitution des marguilliers capitulaires aux fabriciens laïques ; réunion en une seule des deux administrations intérieure et extérieure. Sont nommés par Monseigneur membres de cette Fabrique :

MM. Denissel, Vicaire général, chef de Fabrique, président avec voix prépondérante ; Gosse de Dostrel, Chanoine, Archidiacre de Saint-Omer ; Lallart de Lebucquière, Chanoine, Théologal ; Lefebvre, Chanoine, Vicaire général ; Dolez, Chanoine ; Pelletier, Curé de la paroisse.

25 février et 10 mars 1812, achat d'un dais « convenable à la majesté du culte dans les églises cathédrales, » moyennant la somme de 10,000 fr.

10 août, remboursement par M. Palisot à la Fabrique du capital et cours de la rente a elle duc, lesquels montent au chiffre de 11,751 fr. 60 c.

14 juillet 1813, « le droit d'illumination et la cession des objets relatifs au Calvaire (cierges, chandelles, crucifix, chapelets et images) est mis dorénavant en régie sous la direction immédiate de l'administration. »

Le régisseur touchera annuellement 300 francs, aura les suifs fondus, et la faculté de pourvoir aux neuvaines commandées.

Le 25 mai 1814, un service expiatoire pour les Rois Louis XVI et Louis XVII, la Reine Marie-Antoinette d'Autriche et Mme Elisabeth de France, fut célébré en grande pompe. Toute l'église était tendue de noir ; des écussons peints aux armoiries de France, ressortaient de distance en distance, sur la draperie noire ornée de frange blanche et ondulée de festons blancs. A chaque colonne étaient appendus des écussons aux fleurs de lys. Derrière l'autel et un peu au-dessus, s'élevait une pyramide supportée par un vaste tombeau en forme de mausolée, une peinture en grisaille représentait la France en pleurs appuyée sur un vaste écusson portant les portaits de Louis XVI, de la Reine, de Louis XVII et de Mme Elisabeth, à côté paraissait le Génie de la

France ; et plus bas on lisait l'inscription suivante :

La mort nous á ravi ces royales victimes
Que Dieu plaça lui-même auprès de Saint-Louis ;
Mais leur bonté touchante et leurs vertus sublimes
Remontent en ce jour sur le trône des lys.

Au milieu du chœur était un catafalque décoré de la couronne, du sceptre, et de tous les attributs de la Royauté. Il était entouré d'un triple rang de flambeaux et surmonté d un dôme aux panaches blancs. Au-dessus s'élevait jusqu'à la voûte une draperie noire et blanche, de laquelle se détachaient quatre grandes bandes de même couleur fixées aux colonnes du chœur. Après l'évangile, M. Lefebvre, Chanoine titulaire, docteur en théologie et professeur au grand Séminaire d'Arras, prononça l'oraison funèbre de Louis XVI en présence du clergé de la ville et des autorités civiles et militaires (1).

19 septembre 1814, le titre d'Eglise royale ayant été conféré à la Cathédrale, le Trésorier de la Fabrique est autorisé « d'après ordonnance rendue par Monseigneur en date de Barly, à faire exécuter aux lieux et places désignés dans ladite ordonnance les écussons et supports des armes de France. »

Ces écussons furent placés sur la tenture en papier bleu, qui remplaça les ta-

(1) *Registre du Chapitre*, page 16.

bleaux allégoriques de Doncre à droite et à gauche du maître-autel (1).

En 1816, le duc de Berry, se rendant à Lille pour y présider le collège électoral, vint coucher à Arras ; et le lendemain matin avant son départ il entendit la messe dans la Cathédrale, remplie d'une foule désireuse de le voir.

Erection de la Confrérie du Sacré-Cœur dans l'église Cathédrale (2). Règlement de cette Confrérie.

20 octobre 1817, adoption intégrale du cérémonial parisien (ordonnance épiscopale rendue à Barly).

24 août 1819, règlement pour la célébration de la messe de Saint-Louis.

En 1820, une partie de la dépouille mortelle du duc de Berry, que Louis XVIII confiait à sa bonne ville de Lille, fut déposée pendant la nuit du 19 au 20 avril dans l'église Cathédrale.

« Entièrement tendue de noir, elle n'offrait plus au spectateur qu'une vaste chapelle ardente, éclairée seulement par les milliers de bougies qui entouraient les restes du prince. »

L'église resta ouverte toute la nuit afin de permettre aux fidèles d'y faire leurs prières expiatoires ; le silence n'était interrompu que par les voix des élèves du sé-

---

(1) M. Proyart. *Notice sur Saint-Nicolas sur les Fossés.*

(2) *Même Registre*, page 26 v°.

minaire qui psalmodiaient l'office des morts. Le 20, de grand matin, Mgr de Bombelles, Evêque d'Amiens, aumônier du Prince, célébra une messe basse pour le repos de l'âme de son Altesse Royale, et à sept heures et demie, Mgr de la Tour d'Auvergne, Evêque d'Arras, assisté de ses officiers pontificaux, le remplaça à l'Autel.

15 septembre 1821, inauguration solennelle des reliques de la Vraie Croix et de la Sainte-Epine.

1er mars 1822, résolu qu' « il sera pourvu à la solidité de la croisée du Calvaire par l'achat et la position de trois barreaux de fer scellés au plâtre pour parer à une dépense plus considérable que pourrait occasionner un violent coup de vent. » Ce n'est que beaucoup plus tard qu'ont été bouchées et cette fenêtre et celle sise en face, derrière l'autel du Sacré-Cœur.

En 1823, célébration par invitation de Mgr l'Archevêque Métropolitain d'un service funèbre pour Sa Sainteté Pie VII, décédé le 20 du mois d'août. Le 16 septembre à midi, on sonna les cloches pendant une demi-heure. A quatre heures, cette sonnerie fut répétée pour annoncer les vigiles qui furent présidées par le Prevôt du Chapitre. Le 17, à la pointe du jour, la même sonnerie se fit entendre, ainsi qu'à dix heures et demie pour les commandaces et le service solennel. Deux Archidiacres en chape, six indultes, quatre officiers pontificaux, accompagnaient le Prélat officiant. Deux Chapiers dirigeaient le chœur. Les deux plus anciens Chanoines, le Curé de Saint-Nicolas et le plus ancien desservant en étole et en chape, occupaient les quatre coins du catafalque, lequel était couvert d'un drap mortuaire en velours rouge avec franges et crêpines en or, et garni d'une centaine de chandeliers d'autel en argent. A la tête se trouvait un coussin en velours rouge avec glands en or supportant la Tiare et deux clefs en sautoir. Au pied brillait, la triple Croix papale. Aux angles, s'élevaient quatre énormes chandeliers ornés d'un écusson représentant la Tiare et les deux clefs. Les six chandeliers de l'autel étaient décorés de la même manière. Le trône épiscopal était aussi tendu de velours rouge. L'absoute fut faite par le Pontife en chasuble noire, et après les prières d'usage, le Chapitre, conduit par le Maître des cérémonies, jeta l'eau bénite sur le catafalque, ce qui fut également observé par M. le Préfet du département et M. le Maire d'Arras, qui assistèrent spontanément à ce service funèbre (1). »

En 1825, le 13 mars, eut lieu la Mission à laquelle concoururent neuf Pères de la Miséricorde, MM. Ferail, Levasseur, Lamotte, Creveuil, d'Esquibes, Paraudier, Tarin, Mercier, Chibaux, et leur Supérieur Général, M. Rauzan. De nombreuses cérémonies se succédèrent à ce sujet matin et soir dans l'église Cathédrale, le souvenir

---

(1) M. Proyart. *Notice sur Saint-Nicolas-sur-les-Fossés.*

en a été conservé dans la *Relation* très circonstanciée de M. le baron de Hauteclocque.

3 août 1825. Etablissement du Chemin de la Croix dans l'église Cathédrale.

5 mars 1829. Célébration d'un service solennel pour le repos de l'âme du Souverain Pontife Léon XII.

15 décembre 1829. M. Bailly, Archiprêtre, Curé de la Cathédrale, est nommé membre de la Fabrique, en remplacement de M. Pelletier, décédé.

10 mai 1830. Monseigneur offre à la Cathédrale, un Ciboire ancien en vermeil remis à neuf, un Ciboire neuf d'argent à double coupe, une lampe suspendue.

14 juin. Monseigneur donne au Chapitre une Croix processionnelle d'argent premier titre, pesant 15 marcs 3 onces 3 gros.

18 juillet. Chant d'un *Te Deum* solennel pour cause de la reddition d'Alger.

20 mai 1833. Nomination d'une commission « à l'effet de désigner les objets mobiliers qu'il convient de laisser dans la future paroisse de Saint-Jean, et ceux qu'il faut prendre pour la Cathédrale ».

Indépendamment de l'autel de la Vierge, du maître-autel, des grandes orgues déjà étudiés *supra*, et laissés en l'Eglise, il faut signaler encore la magnifique *Descente de Croix*, de Rubens, provenant peut-être de l'ancienne Eglise St-Géry, mais bien plus probablement de la Chapelle Abbatiale de Saint-Vaast. Dans l'état des objets choisis au dépôt littéraire pour la décoration des Eglises d'Arras, le 30 prairial an X, on voit, en effet, figurer une « *Descente de Croix* de 11 p. sur 7, original de Rubens, *provenant de Saint-Vaast* » (4) ; une belle *Assomption*, de Vincent ; une autre grande *Descente de Croix*, de 15 p. sur 9 ; deux *Adorations des Bergers*, une *Présentation au Temple*, et une *Adoration des Rois*, d'après l'original de Malines, et deux confessionnaux remarquables style Louis XIV avec portes richement ajourées, au-dessus desquelles se voient deux grandes pénitentes : à l'un *sainte Marie-Madeleine*, à l'autre *sainte Marguerite de Cortone*.

Les yeux fixés au ciel, les cheveux épars, la première, agenouillée et couverte d'un rude cilice, tend des deux mains, et par un mouvement passionné, vers le ciel, la Croix de son divin Maître. Sur le sol en face de la sainte, gisent une tête de mort et une discipline ; un tertre supporte une urne d'où s'échappent des flammes emblématiques de son ardent amour.

Agenouillée aussi, la seconde chasse de la main droite, armée d'un fouet, le chien symbolique de l'impureté, pendant que la gauche tient la Croix qui porte la légende, la couronne d'épine, et à laquelle sont symétriquement liées la sainte lance et la hampe surmontée de l'éponge. A ses genoux sont, à terre, un chapelet, une tête de mort ; sur un prie-Dieu se trouvent un livre, une corde et une discipline.

(4) Le Gentil. *Le Vieil Arras*, page 307.

La *Descente de Croix*, que Rubens a dû exécuter soit en Italie, alors qu'il était sous l'influence des Maîtres de ses écoles, soit quand il en revint tout imbu encore de leurs souvenirs, est tellement transcendante, et l'*Assomption*, de Vincent, est également si estimable, que nous croyons devoir ici reproduire (en partie du moins) ce que nous en disions dans notre *Notice sur les tableaux des Eglises d'Arras*.

Conforme à la tradition et pleine de couleur locale, la *Descente de Croix* (1) offre un ensemble complet et d'une perfection ne laissant rien à désirer.

Le drame se passe lugubrement à la fin d'une journée fatale « *Cum sero factum esset* » (2) ; au premier plan, repoussés par un ciel de plomb, se voient le Christ, la Vierge, la Madeleine, saint Jean et Joseph d'Arimathie ; sur les teintes sanglantes et blafardes de l'horison, tranche la silhouette de Jérusalem.

Une impression de recueillement et de tristesse, est tout d'abord celle qu'inspire le tableau

Puis l'attention se porte sur la figure du Christ, à laquelle tout se subordonne, ensuite sur la Vierge, puis sur la Madeleine, enfin sur le disciple privilégié et sur Joseph d'Arimathie.

---

(1) Cette toile mesure 3 m. 30 de haut, sur 2 m. 10 de large.

(2) S. Math., cap. xxvii, vers. 37. — S. Marc, cap. xv, vers. 42.

Voilà pour l'aspect et l'effet produit : il serait impossible que l'artiste eût été mieux inspiré, et se fût traduit d'une façon plus logique et plus religieuse.

Arrivons à l'analyse. Très mouvementé et composé de ces cinq personnages, le groupe affecte à peu près la forme d'une croix légèrement inclinée, dont le Christ occupe le centre.

Dans le haut, Jean et Joseph descendant doucement le corps de Jésus ; à gauche, la Vierge debout, dont la tête est presque à la hauteur de celle de son fils qui semble s'incliner vers elle pour se reposer sur son sein, le soutient déjà. Dans le bas, la Madeleine, vue de dos, agenouillée et les cheveux au vent, tend passionnément les mains afin de recevoir après Marie le divin Maître qu'elle a tant aimé.

Quoique altérés par la mort, les traits du Sauveur témoignent d'une certaine noblesse ; son corps, souple encore, s'affaisse bien au milieu de ceux qui l'entourent.

Belle de cette beauté immatérielle que, d'accord avec la tradition notre imagination lui donne, Marie accuse par son attitude et sa physionomie la douleur immense, mais résignée, que son cœur déchiré concentre, et que ne traduit aucun transport extérieur.

Physiquement remarquable, au contraire, d'une carnation plus éclatante, mais d'une nature moins fine, la Madeleine presque affolée s'abandonne au désespoir violent qu'elle ne cherche point à dissimuler. Rien toutefois de sensuel dans cette figure qui n'est plus celle de la pécheresse, mais déjà celle de la sainte.

Le sentiment est donc parfait, et les don- données aussi orthodoxes que possible.

Insistons sur la distinction exceptionnelle de la tête et des mains de Marie, sur le raccourci osé, sur la ligne savamment perdue du ravissant profil de la Madeleine, sur le modelé de ses épaules et de ses bras; ajoutons que l'harmonie générale est entière, le dessin d'une correction irréprochable, la gamme des couleurs convenablement assourdie sans note trop sacrifiée ; l'exécution large, grasse, puissante, soutenue partout : et nous aurons, sans phrases et sans hyperbole, donné quelqu'idée d'une toile qui à elle seule suffirait à la gloire d'un grand génie, d'un grand dessinateur, d'un grand coloriste ; d'une toile digne de Rubens, méritant, affirmant sa réputation sans chercher à l'exploiter ; d'une toile enfin à laquelle, nous ne saurions trop le répéter, il faut assigner l'un des premiers rangs dans la grande œuvre « du roi des peintres et du peintre des rois, » suivant l'expression de l'un de ses contemporains qu'a ratifiée la postérité, en la restreignant à l'école flamande, dont Rubens fut, ainsi que l'a fort justement écrit M. Mornand, « le glorieux chef et l'héritier suprême. » (1).

(1) *Guides-cicérone* — Belgique, p. 131.

Dans le bas de la toile de l'*Assomption*, et en avant du tombeau de Marie, sont les Apôtres; derrière, quelques disciples et quelques saintes femmes; debout ou agenouillés, sauf un personnage prosterné face en terre, les uns, avec saint Pierre, suivent du regard la Vierge ravie au ciel; les autres, avec saint Jean, considèrent étonnés le sépulcre vide qu'elle vient de quitter.

Dans le haut, emportée sur un lumineux nuage, Marie les yeux extatiquement levés vers son fils, auquel elle tend les bras, entre déjà dans la gloire céleste. A droite, deux petits anges s'abritent sous son manteau flottant; à gauche, un autre ange fait un geste comme pour la soutenir.

Ces deux groupes sont habilement reliés par un quatrième ange paraissant s'envoler du tombeau sur lequel il plane encore, tenant à la main l'une des roses dont le sol est jonché, et montrant à l'assistance le miracle de l'Assomption.

Bien que ces figures aient toutes une tournure magistrale, et que surtout dans le bas les lignes enveloppantes soient superbes, le papillotage des chevelures, certains plis cassés des draperies des anges et certain maniérisme dans leurs attitudes, indiquent cependant une époque de décadence que trahiraient à eux seuls les deux charmants chérubins, ressemblant trop aux amours jolis et joufflus dont ont tant abusé les artistes du temps de Louis XV.

Mais si quelques lignes enveloppées

comprtent la discussion, la couleur n'en admet guère.

Généralement grises ou roussâtres dans le bas, nonobstant la robe rouge et la draperie verte de saint Jean, les tonalités deviennent blondes et très dorées dans le haut. La transition est délicatement ménagée par les glacis bleutés du ciel, qui partout laissent percer les dessous.

Dans le bas, les colorations sont franches, fermes, quoique très harmonieuses ; dans le haut, elles sont rompues, noyées et d'une admirable transparence. On sent parfaitement, grâce à la perspective aérienne, que la partie inférieure appartient à la terre et que la partie supérieure participe du ciel.

Baignée du pur éther qui l'enveloppe de toutes parts, la Vierge avec ses vêtements blancs légèrement azurés, et dont la figure et les mains ne sont traitées qu'avec des huiles de couleur à peu près dans les mêmes nuances que la robe, a bien ce ton indécis et *mangé* des objets qu'immerge l'intensité d'une lumière éblouissante.

Enfin, d'une finesse et d'une souplesse rares, le groupe entier que domine Marie est d'un grand mouvement et s'élance bien vers l'Empyrée.

En 1833, M. l'abbé Godard, Chanoine honoraire et ancien Vicaire de la Cathédrale, fut nommé Desservant de la paroisse de Saint-Jean-Baptiste.

Homme de goût et très-aidé par les libéralités de quelques grandes familles, M.

Godard ne tarda point à exécuter dans son église des travaux d'une importance capitale, mais le manque du registre de la Fabrique, qui a disparu des Archives de Saint-Jean-Baptiste, ne nous permettra guère de donner autre chose que nos souvenirs personnels, corroborés par la matérialité des choses.

L'église, nous le savons, n'avait pas de voûtes ; M. Godard fit jeter celles qui existent aujourd'hui. Le charpentier employé à cet effet eût le tort de ne point consulter celles de Vaulx, et d'introduire la feuille d'acanthe dans les rosaces. Mais l'effet général n'est pas trop mauvais.

Après les voûtes vint le dallage en marbre noir et blanc des nefs, substitué à leur carrelage rouge, et le dallage du chœur, vers le milieu duquel, en enlevant l'ancien pavé, les ouvriers découvrirent « un caveau de douze pieds carrés environ, dans lequel était enterré M. Debuire, ancien curé de cette paroisse ; et puis plusieurs morceaux des anciens fonts baptismaux, offrant peu d'intérêt » (1).

« Heureux, dit M. Proyart, de remettre en lumière la mémoire de l'un de ses vénérables prédécesseurs, M. Godard fit placer sur sa tombe une épitaphe (en marbre blanc) ainsi conçue « :

Ici Git
Marie-Jean-Louis-Joseph Debuire
Prêtre, bachelier de Sorbonne

(1) *Courrier du Pas-de-Calais.*

Curé de cette paroisse
décédé le 7 février 1781
âgé de 85 ans et 6 mois

*Novum istud marmor
loco prioris per infandos dies
destructi huic tumulo piè
superpositum est anno 1839
ad honorandum optimis pastoris memo-
Requiescat in pace.* [riam

Et pour acquitter un tribut de reconnaissance vis-à-vis du bienfaiteur de l'église, appartenant à la famille Lallart, M. Godard fit encore placer dans le chœur trois tables de marbre blanc à la mémoire de :

M. Benoit-Joseph Lallart receveur général des Etats d'Artois et de Charlotte-Joseph Danvin, son épouse.

Maitre Antoine-Arsène Lallart, de Lebucquière, docteur de Sorbonne, Prévot doyen du Chapitre de Nôtre-Dame, et Saint-Vaast, Vicaire général du diocèse, etc., qui refusa l'évêché de Saint-Dié, et de demoiselle Marie-Catherine, sa sœur.

Mme Marie-Jeanne-Thérèse Griffon d'Offoy, veuve d'Antoine-Joseph Lallart de Boves, écuyer.

Une magnifique dalle tumulaire regrettablement illisible, fut mise à l'entrée du chœur ; dix autres dont une illisible encore qui se trouvaient dans le bras de croix droit, furent reportées sous la tour. Voici les neuf que l'on peut déchiffrer :

Pierre bleue. Hauteur 1ᵐ40, largeur 0ᵐ88.

(ÉCUSSON EFFACÉ).

.... le corps honorable homme
.... Doresmievlx bourgeois de cest
.... dArras leqvel at fondé en ceste
.... a perpetvité 2 obit par an lune
.... à celebrer en l'octave du St
.... et le seconde av mois de
.... povr dame Margveritte de
.... sa première feme de la ville de
....
.... et 3 obitz le 20 doctobre
.... Cornille le H.........
.... fondé par............
pes........... s de chire blanches qvi se
.............t lesdˢ octa...... par les
e...ns............d.d.d..........estans
......en ceste paroisse le tovt..........t
les rétribvtions et charges povr..........
......desdˢ fondations............d.ant
....s leqvel d.........................
........aovst 1628.................
P.... Diev pour son Ame

Pierre bleue. Hauteur 2ᵐ03 ; largeur 1ᵐ15.

(DEUX ÉCUSSONS EFFACÉS).

  icy git honorable homme Pierre
    Dvqvesnoy en son temps
recevevr Général de la Bovrse
commvne des pavvres décédé le 17
Decembre 1652 et damoiselle
margverite Le Caron sa femme

décédée le 17 Septembre 1657 et Maistre Clavde Dvqvesnoy levr fils prestre et chanoine et recevevr de la fabricqve de la Cathédrale de nôstre dame d'Arras décédé le 10 Novembre 1659, Iean Dvqvesnoy en son temps lvn des qvattre comis aux ovvrages de cette Ville décédé le 28 avril 1864. Roland Dvqvesnoy rentier leqvel a ordonné estre possé ce marbre en mémoire de ses parents décédé à marier le 7 may 1685 et de mademoiselle antoinette francois épovse du Sievr Jean Dvqvesnoy décédée le 24 de jvin 1693 Lectevr priez Dievr povr levrs ames. Reqviescant in pace.

Pierre bleue. — Hauteur 2ᵐ ; largeur 1ᵐ15.

....
.ovrgeo..............
.schevin a son tovr...
.ette ville décédé...
...emier...........16..
et Damoise.... Marie
Gverard sa f..........
le 14ᵉ.............16..
en mémoire de so......
....
lovis........os.......
..sche.i..............
ville.................
le ....
.y..................fait

……..ce marbre
Reqviescant in pace

Pierre bleue. Hauteur 0ᵐ60 ; longueur, 0ᵐ70

………………………………
….Mercier .. Marc………
……..llier de la paroisse
…….e décédé le 26 juillet
1712……… agée de 71 ans
et
……………..catherine
………………sa femme
………….e le 20 oc…..
……………ée de .2 ans
……………escant……..

Pierre bleue. Hauteur 1ᵐ15 ; largeur 0ᵐ75.

(ÉCUSSON EFFACÉ).

Icy Gist
Noble et vertvevse demoiselle
Marie Therese Antoinette
de Qvarré
fille de fev charles de
Qvarré Escvier seignevr
dv Repaire l'Espavlt et
Wandelicovrt &. laqvelle
movrvt le 7 octobre 1712
Reqviescat in pace

Pierre bleue. Hauteur 1ᵐ55 ; largeur 0ᵐ90.

D. O. M.

Sovs ce Marbre Reposent
dans la Paix dv Seignevr
le Sievr Philippe Cornil Thery
bovrgeois Marchand de Drap

en ceste Ville Décédé le.....
avril 17.0 Agé de 7. ans
Dem Marie Térèse le Page
son Espovse Décédée le 2 Novem
............agée de 61 ans
Dem Marie Jeanne Térèse leur
fille décédée le 11 May 1727
agée de 18 ans
le Sr Philippe Antoine Thery
levr Fils Décédé le 8 aovst 17.3
Agé de .8 ans
Le Sr Iean françois............
et Dem M.......argveritte
P..p le Du...son epov....
Povr honorer la mémoire
de levrs père et mè...
ont fait poser cet épitaphe
Priez Diev povr levrs Ames

Pierre bleue. Hauteur, 0^{m}55 ; largeur, 0^{m}53.

D. O. M.
....reposent le corps de
.. acques Marchant
..... vant Marchand et l'un
...... ciens Quatre notables
......ois commis aux Ouvrages de
.....ville d'Arras et ci devant
......ur Général de la Bourse
.....ne des Pauvres pendant 18
... décédé le 12 fevrier 1731
agé de 72 ans

Pierre bleue. Hauteur, 1^{m}15 ; largeur, 0^{m}75.

(Ecusson effacé, timbré d'une couronne
comtale et supporté par deux levrettes.)

Cy gist messire Salomon

Pierre De Brosses Chevalier
Seignevr des Crois et de ma...
en Beaviolois Capitaine av
régiment de Navare leqvel après
vingt qvattre ans de service
a esté blessé par vn party
..... a vn qvart de lieve
de cette ville le 27 d'octobre
...........mor. de ses blessvres
le 30 dvdit mois
Priez Diev povr son ame
Messire Clavde De Brosses son frère
chevalier et Capitaine av régim
de Villeqvier lvi a fait poser ce
marbre povr monvment de
.amitié qvi estoit entre ev.

Pierre bleue. Hauteur, 1ᵐ95 ; largeur, 1ᵐ.

(Deux écussons complètement effacés.)

..............honorable homme..in..
.........ois de ceste ville ....
.....petit... incovrt b.p...........
........Catherine Lombart sa.......
..............orte................
.............en ce liev...........
....
......jovr dv décès d.............
.....et......tre..................
.........d'icelle l...............
Priez Diev povr levrs ames

Le grand autel de la Cathédrale, était, nous le savons, le maître-autel de Saint-Jean-en-Ronville concédé en 1791 à la nouvelle église Saint-Géry, anciennement

Saint-Nicolas sur les Fossés. Voici comment il se présentait en 1833.

On montait à l'autel par trois ou quatre marches, au-dessus desquelles se trouvait le tombeau, accompagné de deux gradins ornés d'arabesques. Sur la porte du Tabernacle se voyait, sous une riche guirlande relevée par trois patènes, un médaillon ovaloïde représentant le Pélican typique et traditionnel ; de chaque côté du Tabernacle des panneaux formant rétable, offraient des attributs symboliques.

A droite et à gauche de l'autel, s'élevaient, sur un soubassement, deux paires de colonnes cannelées et enguirlandées, à chapiteaux ioniques, supportant un entablement également enguirlandé.

Tout cela cela était peint en blanc, avec l'ornementation dorée.

Derrière l'autel, s'irradiait une immense Gloire dorée, atteignant le haut du chœur, en avant de cette Gloire, et à l'arrière du Tabernacle, se voyait le groupe représentant Jésus-Christ baptisé par saint Jean, peint en blanc.

Dans les entrecolonnements de droite et de gauche, était un ange adorateur peint aussi en blanc.

Ces anges s'enlevaient sur un fond de papier bleu, substitué aux deux peintures décoratives de Doncre, restées impayées, nous l'avons dit, et qui disparurent sans laisser la moindre trace.

D'une hauteur de huit à neuf mètres les colonnades de l'autel masquaient le bas des fenêtres du sanctuaire de toute la hauteur de la partie qui est encore pleine aujourd'hui.

De chaque côté de l'autel étaient, encastrés peints en blanc, les deux beaux bas-reliefs du baptême du Sauveur, et de la décollation de saint Jean-Baptiste, que l'on retrouve maintenant aux Fonts baptismaux ; bas-reliefs dus, comme le groupe du maître-autel et les deux anges adorateurs, au ciseau de de Gand, ainsi que le constate Bergaigne en son procès-verbal du 10 décembre 1791 (1).

Cet ensemble classique était réellement grandiose et majestueux.

M. Godard néanmoins, crut devoir le faire enlever, pour le remplacer, par l'autel gothique actuel fort remarquable du reste, qui est dû à notre incomparable architecte M. Grigny, et dont le tabernacle figurant une église du XVIe siècle, surmontée d'une haute flèche ajourée est une merveille de sveltesse et d'élégance. On y a maintenu les six remarquables chandeliers achetés en 1802 et les quatre reliquaires en bois doré, contenant des ossements de Saint-Vaast, évêque d'Arras, de Saint-Maxime, évêque de Boulogne, de Saint-Omer, évêque de Thérouanne, et de Saint-Vindicien, évêque d'Arras et de Cambrai.

Derrière cet autel, M. Godard fit pratiquer une niche dans laquelle fut placé le

---

(1) Le Gentil. — *Le vieil Arras*, page 292

groupe du Sauveur baptisé par le Précurseur.

Quant à l'ancien maître-autel, il fut replacé dans le bras de croix, côté de l'Epître, où on le voit aujourd'hui ; seulement les dimensions de l'emplacement n'étant plus les mêmes, l'espace laissé entre les colonnes fut amoindri ; la boiserie dut être remaniée pour relier les parties latérales à la portion médiane, et au lieu de la Gloire supprimée, on mit derrière le Tabernable l'admirable descente de croix étudiée plus haut.

A droite et à gauche de l'autel sont des reliquaires de forme carrée, en bois sculpté et doré, contenant, l'un, un ossement de saint Vincent, martyr, l'autre, un ossement de saint Vigor, né près d'Arras, décédé évêque de Bayeux.

Pour compléter le sanctuaire et le grand chœur, M. Godard fit, exécuter par le menuisier Poudroux, les boiseries gothiques situées derrière l'autel, et dans lesquelles se voient en demi-bosse les figures des douze Apôtres, par le sculpteur Morel, les stalles avec leur adossement ajouré et leurs bas-reliefs ; et placer à l'entrée du chœur la grille en fer ouvré servant de table de communion.

Si l'on joint à ces grands travaux, l'installation actuelle des fonts baptismaux, la pose des bénitiers en marbre existant à l'entrée de la grande nef, surmontés, celui de droite, d'une plaque de marbre blanc aux armes du cardinal d'Este, Abbé commendataire de Saint-Vaast ; celui de gauche, d'une autre plaque de marbre blanc portant cette inscription :

A. M. D. G.

Istud marmor columnæ
Templi adhærens vividam
testabitur fidem
Benefactorum hujus-ce
ecclesiæ, quorumque zelo
et impensis de die in
diem instaurata surgit

Anno reparatæ salutis
1841

on aura la presque totalité de l'œuvre entreprise et menée à fin par l'abbé Godard

M. Boniface lui succéda en 1843. La première réunion du nouveau Conseil de Fabrique eut lieu le 5 mars. Il se composait de MM. le baron Léopold de Hauteclocque, ancien Maire d'Arras ; Louis Gamot, ex-chef d'administration au ministère des finances ; Jean-Baptiste Pillons, notaire ; Charles Labrouche, propriétaire ; Paul-Amand Charpentier, employé des contributions indirectes ; nommés, les trois premiers, par Son Eminence le Cardinal de La Tour, et les deux autres par le Préfet, M. Des Mousseaux de Givré. (Décret du 30 octobre 1809 — article 1er du règlement du 6 août 1824 — ordonnance du 12 janvier 1825.)

Le 21 décembre 1846, l'Eglise succursale

de Saint-Jean-Baptiste fut, par ordonnance royale, érigée en cure de 2ᵉ classe.

En 1857, 1858, 1859, 1860, les fenêtres, qui avaient été privées de leurs rosaces et de leurs meneaux de pierre, remplacés par des barreaux en fer, furent restituées dans leur état primitif, travail qui, intelligemment exécuté, rendit au monument son véritable caractère.

Appliquée du côté de l'Evangile, contre le pilier de la grande nef le plus rapproché du chœur, la Chaire de Vérité, composée d'une cuve sans aucun ornement que supportait un piédestal fort simple, et d'un dossier soutenant un abat-voix surmonté d'un dôme sans ornementation encore, disparut le 27 décembre 1866, et fut remplacée par la Chaire actuelle, sise, elle, du côté de l'Epître, en face du banc d'œuvre établi à la même époque.

Passant sous silence ce banc, qui n'offre rien de bien artistique, nous nous contenterons de décrire la Chaire, assez belle pour être remarquée même en Belgique, patrie de *Verbruggen*, et sol classique des Chaires de Vérité.

Tout en chêne et mesurant de dix à onze mètres de hauteur, elle se compose naturellement de trois parties bien distinctes. Un *roc* servant de support à la *cuve*, où l'on accède par deux escaliers en hémicycle, et l'*abat-voix*, que couronne un dais, le tout dans le goût de la période servant de transition entre le gothique et la renaissance.

En avant du *roc*, que tapissent quelques arbustes et dans les anfractuosités duquel poussent certaines plantes grimpantes ou parasites, se trouve le Précurseur montrant d'une main Celui dont il est venu préparer la voie, de l'autre une pierre où est inscrit : *Oportet illum crescere, me autem minui.*

Hexagonale, la *cuve*, d'une luxuriante richesse d'ornementation, où l'élégance le dispute à la finesse, présente sur le devant trois panneaux, figurant, en haut relief, la parabole du Semeur de l'Evangile ; ils alternent avec les statues en ronde-bosses des quatre évangélistes, reposant sur des socles à leurs attributs, et abrités sous des baldaquins ; dans les arabesques ajourées des escaliers se détachent deux anges, tenant des draperies, qui portent : *Non in solo pane, vivit homo,* et *Beati qui audiunt verbum dei* ; les deux piliers soutenant l'escalier servent de piedestaux au fier Archange des batailles armé de l'épée flamboyante et au doux messager céleste offrant le lys de la salutation angélique.

De chaque côté du dossier sur lequel s'établit l'*abat-voix*, est, faisant office de cariatide, un ange buccinateur ; autour de la table de cet *abat-voix* règnent, maintenus par des chimères, six cartouches renaissance, où sont représentés Moïse, David et les quatre grands prophètes ; au-dessus s'étage un pinacle ajouré, garni de clochetons, fleurons et contreforts, et que surmonte la statue du Sauveur *vitis vera,* portant la branche de vigne chargée de raisins et rejetant le sarment improductif et inutile.

Derrière le dossier s'élève, sous un dais précieusement travaillé, la statue du grand Apôtre des Gentils, montrant une charte sur laquelle on lit : « *Væ mihi si non evangelizavero,* » au bas du cul-de-lampe qui le soutient existe un bas-relief, faisant allusion à ce texte de Jérémie : *parvuli petierunt panem et non erat qui frangeret illis*.

Cet ensemble doublement symbolique (1) qu'accompagne et enjolive une prodigieuse efflorescence de détails décoratifs et de motifs ornementaux, est réellement magnifique, et par sa belle ordonnance, et par son exécution aussi brillante qu'irréprochable. Quelques critiques de style seraient néanmoins permises, si l'on ne savait que M. *Buisine*, à qui est due cette remarquable Chaire, a eu à subir certaines exigences, contre lesquelles il a lutté, mais dont, finalement, il a eu le regret de ne pouvoir s'affranchir.

Treize mois après l'inauguration de cette Chaire, M. Boniface donna le 12 janvier 1868 sa démission de curé de Saint-Jean-Baptiste, et eut pour successeur M. l'abbé Dubois, Chanoine honoraire, dont l'instal-

---

(1) Effectivement les textes et allusions qui sont derrière la Chaire, s'adressent aux prêtres, et ceux qui se trouvent sur le devant concernent les fidèles.

lation eut lieu le 2 février suivant, par M. Envent, Archiprêtre de la Cathédrale, délégué de Sa Grandeur Monseigneur Lequette, en présence de MM. Paris, avocat ; Omer Advielle, propriétaire ; Charruey, négociant ; Alex. Naudet-Saguet, commerçant ; Delétoille-Coquel, propriétaire, Membres du Conseil de Fabrique.

Le 7 avril 1870, ce Conseil très satisfait du désintéressement et de l'habileté montrés par M. Demory, dans la restauration des toiles de Rubens et de Vincent qui avaient beaucoup souffert, comme la plupart des tableaux d'Eglise, prit la délibération suivante :

« Le Conseil témoigne à M. Demory, père, artiste peintre à Arras, toute sa satisfaction au sujet de la restauration des tableaux qui lui ont été confiés (*Assomption de Vincent*, descente de *Croix de Rubens*).

Dans ce travail délicat M. Demory a fait preuve du talent le plus habile, et a montré un véritable respect pour l'œuvre des maîtres.

Le Conseil de Fabrique, reconnaissant le désintéressement que M. Demory a bien voulu apporter pour la fixation de ses honoraires, le prie d'accepter un souvenir de gratitude dont le choix est laissé à M. le Président de la Fabrique. »

En 1874 et 1875 furent exécutés et placés par M. Courmont, d'Arras, les quatre verrières des fenêtres du Sanctuaire, représentant : sainte Catherine, saint Vaast, saint Michel-Archange, la très sainte

Vierge, saint Joseph, saint Nicolas, saint Christophe et saint Eloy.

Le 4 juin 1876 eut lieu, par M. Envent, Archiprêtre, en présence de MM. de Taffin, doyen de Saint-Nicolas ; Beugin, curé de Saint-Géry ; Dhaussy et Chevalier, vicaires de Saint-Jean-Baptiste, et Léger, prêtre habitué de cette église, l'installation de M. Gheerbrant, curé actuel de la paroisse, Chanoine honoraire, succédant à M. Dubois, décédé. Etaient Membres du Conseil de Fabrique, MM. Paris, sénateur ; Le Gentil, juge au Tribunal d'Arras ; Saguet, commerçant ; Advielle et Charrucy, Philibert, propriétaires.

Le 23 juillet 1877 Le Conseil décide que les grandes fenêtres des nefs du fond de l'église recevront des verrières composées de mosaïques et médaillons en grisaille, à raison de 6,000 fr. par fenêtres, et qu'elles seront confiées à M. Lorin, artiste peintre, verrier à Chartres.

Ces verrières représentent : l'une du côté de l'Epître, l'histoire de Joseph, fils de Jacob, l'autre l'histoire de St-Joseph. L'une du côté de l'Evangile, l'histoire de la très Sainte-Vierge, l'autre ses images les plus vénérées en France, sa terre de prédilection, *regnum Franciæ, regnum Mariæ*. Ces médaillons sont au nombre de dix-huit par fen

20 avril 1879. Résolution d'installer un orgue d'accompagnement derrière les stalles de gauche du chœur.

13 janvier 1880. Décision d'acheter une

grille pour fermer le porche gothique extérieur que la ville a fait exécuter en avant du grand porche de l'église.

14 juillet 1881. L'acquisition d'un Chemin de Croix est votée.

Dans le but d'arriver au meilleur résultat possible, M. le curé de Saint-Jean-Baptiste, d'accord avec son Conseil de Fabrique, résolut de mettre au concours l'important Chemin de Croix que l'on se proposait de placer dans l'église ; une Commission composée de MM. Gheerbrant, curé de Saint-Jean-Baptiste ; Beugin, curé de Saint-Géry ; Boutry, juge, aquafortiste ; Demory, artiste peintre, professeur à l'école de dessin ; Le Gentil, juge, amateur ; Lozé, notaire, amateur ; Paris, sénateur, ancien ministre des travaux publics, fut nommée pour examiner les œuvres concurrentes, et l'on adressa aux principales maisons ayant la spécialité de ces travaux en France et à l'étranger, le programme que voici :

1° Comme spécimen d'exécution, une station (1re chute de Jésus sous la Croix), toile fine et chassis à clefs ;

2° Dimensions, 1 m. de large, 1 m. 75 de hauteur, 0,25 d'ogive à la partie supérieure ;

3° Encadrement chêne, gothique de la dernière période, peu ornementé ;

4° Ce spécimen devra être adressé *franco* à M le curé, du 20 au 25 juin, délai de rigueur (1), et accompagné des photogra-

---

(1) Ce délai fut prorogé d'un mois.

phies des treize autres stations, de façon à ce que la composition puisse ainsi être parfaitement connue ;

5° Ces treize Stations devront être livrées à M. le curé en dedans le mois de septembre (1) ;

6° Prix des quatorze Stations, y compris cadre, emballage et port, 6,000 francs, payables comptant ;

7° Un Jury nommé par le Conseil de Fabrique désignera parmi les œuvres envoyées au concours celle qui devra être exécutée ;

8° Les treize Stations dont les photographies seules auront pu être appréciées, devront être comme fini d'exécution, entièrement semblables au spécimen ;

9° Celles qui paraîtraient au Jury ne pas remplir ces conditions seraient refusées par lui et remplacées par le soumissionnaire en dedans le mois de la décision du Jury ;

10° Toute décision du Jury sera sans appel, et sans possibilité d'aucun recours quel qu'il soit ;

11° Les Stations et photographies que le jury ne choisirait pas, ou qu'il refuserait, seront retournées aux frais de leurs expéditeurs. »

A cet appel répondirent quatre maisons, une de Rome, trois de Paris, au nombre

---

(2) Ce délai fut aussi prorogé jusqu'en fin de janvier 1882.

desquelles la maison Chovet représentée par deux spécimens de genres très différents.

L'un traité finement, curieusement même, en peinture de chevalet, charmait tout d'abord quand on l'examinait de près ; l'autre brossé d'une façon plus décorative, et offrant plus d'accent se soutenait mieux lorsqu'on le voyait à distance et au point où les tableaux devaient être posés.

Ce fut sur ces deux spécimens que d'une voix unanime s'arrêta le choix de la Commission, mais cette unanimité cessa dès qu'il s'agit d'opter entre eux.

La toile plus décorativement exécutée finit par l'emporter, elle avait au reste sur l'autre l'avantage d'être accompagnée non de photographies des autres Stations, mais de remarquables peintures de proportions réduites, dues à Colin, que l'on sait passé maître comme copiste, mais dont le mérite des compositions n'est pas suffisamment connu. Or, ces peintures donnaient pour les tonalités une idée fort exacte de ce qu'aurait été leur reproduction agrandie, idée que n'auraient su former des photographies n'accusant que les lignes.

Ces compositions, sans doute, ne rendent point ce drame sanglant et terrible de la Passion, qui bouleversant la nature entière, fit disparaître le soleil, fendre les rochers, ressusciter les morts. Drame des drames près duquel pâlissent et s'effacent tous les autres.

Colin n'est pas Delacroix. Il n'a fait ni

le Martyre de saint Etienne, ni celui de saint Sébastien, ni le Christ en Croix, ni Jésus sur les genoux de sa Mère; on n'est donc point en droit de lui demander, pour les figures du Sauveur et de Marie, de ces chefs-d'œuvre spiritualistes, de ces archi-types ineffables, si rarement rendus par les meilleurs maîtres des plus remarquables écoles aux beaux temps de la peinture, alors que, dédaigneux de tout mercanti-lisme, ils visaient à devenir l'honneur de leur époque, et non des fabricants battant monnaie avec un talent prostitué à la mode plus ou moins dévoyée du jour, et aux marchands qui l'exploitent.

Mais sans être saisissantes et pleines d'émotion communicative, sans avoir même ce caractère oriental et biblique que l'on pourrait désirer, ces compositions sont moins banales, sinon moins théâtrales, que la plupart de celles qui se rencontrent ordinairement.

Quant au Chemin de Croix exécuté d'a-près ces compositions, l'artiste auquel il est dû, plus peintre décorateur que peintre d'histoire ou de genre, n'a évidemment pas vu Jérusalem, et n'est certes un adepte ni de Delacroix, ni de Géricault : à leur ma-nière fiévreuse et emportée, il préfère le genre plus calme, plus classique de Dela-roche, paraît avoir des réminiscences de Prudhon (13° et 14°[Station), et sans souci de la vérité locale il se borne à rendre des effets occidentaux.

Une véritable habileté de main ; une

parfaite entente de l'effet à produire à distance ; une couleur aimable (trop aimable même pour le sujet un peu trop traité à 'eau de rose), tendraient à effacer tant soit peu la distance existant entre ses *toiles de commerce* et les *œuvres d'art que ne caractérisent point le style et le sentiment.* Et plusieurs de ces Stations valent maints tableaux prétendument religieux, pures machines d'atelier portant les signatures d'hommes qui, on ne sait trop pourquoi, ont eu leur moment de vogue.

La note dominante de l'œuvre est le rouge de la robe du Christ qui tranche sur les teintes azurées des ciels, comme le fait nécessairement toute coloration chaude sur les tonalités froides. Mais cela a lieu sans heurt, les passages étant convenablement ménagés.

Sans être en rien remarquable, la tête du Sauveur est néanmoins généralement satisfaisante. Nous en dirons autant de celle de la Vierge, dont la douleur se trouve assez justement rendue aux 9e, 12e, 13e et 14e Stations.

Des difficiles, moins touchés du réussi de l'ensemble que de l'imperfection de quelques détails, s'attacheraient à critiquer sans doute certaines figures de la 1re et de la 9e station ; mais la peinture et la poésie étant astreintes aux mêmes règles et jouissant des mêmes bénéfices ; *ut pictura poesis*, mieux vaut s'en tenir à l'axiome d'Horace :

Ubi plura nitent in carmine, non ego paucis
Offendar maculis...

dire de la maison *Chovet*, que ce Chemin de Croix lui fait honneur ; et de son exécutant anonyme, qui serait un artiste distingué, si toute l'œuvre était traitée comme l'entrée du sépulcre, sous laquelle se profilent, dans la pénombre et sur le lointain, trois personnages de grand style, dont le galbe antique et l'exécution noyée et faite de rien *est à louer sans réserve* (1).

Condescendant à la prière de M. le curé de Saint-Jean-Baptiste, Mgr Lequette, toujours prodigue de sa personne quand sa présence pouvait contribuer à rehausser l'éclat d'une cérémonie religieuse, daigna le 6 février 1882, bénir et inaugurer luimême ce Chemin de Croix exceptionnel, quoique incomparablement inférieur à celui de Saint-Pierre de Douai ; avant les prières et les formalités d'usage, Sa Grandeur montant en chaire, prononça avec l'érudition qui la distinguait et l'onction paternelle qui lui était propre, une allocution sur la Croix, gibet infamant avant Jésus-Christ, et signe glorieux entre tous, depuis que, l'arrosant de son sang, le Sauveur en a fait le symbole de la Rédemption et de son règne sur nous. *Regnavit a ligno Deus*.

« Oui, mes très chers frères, s'est écrié l'Evêque en terminant, le Chemin de la

---

(1) La hauteur à laquelle sont placés les tableaux ne permet pas d'apprécier ces trois figures de petite dimension mises à l'arrière plan,

Croix est le chemin du ciel. Si quelqu'un veut marcher sur mes pas, a dit le Divin Maître, qu'il renonce à soi-même, qu'il porte sa croix et me suive. *Si quis vult post me venire, abneget semet ipsum, tollat crucem suam et sequatur me.*

» Faites donc le Chemin de la Croix, faites-le surtout aux moments d'affliction, si fréquents dans cette vallée de larmes, car a chaque station de cette voie douloureuse mais consolatrice, vous verrez, tenant sa promesse, ce Divin Maître élever d'une main, afin de vous encourager, la Croix par lui acceptée pour notre salut, et de l'autre, soutenir, afin d'en alléger le poids, celle qu'il vous envoie pour l'unir à la sienne et vous attirer à Lui. *Venite ad me omnes qui laboratis et onerati et ego reficiam vos!....* »

Le 8 avril 1883, M. le curé est autorisé à ériger « dans le transept de gauche, c'est-à-dire en face de l'Autel de la Croix, un Autel au *Sacré-Cœur*, ne nécessitant de la Fabrique aucun subside, pour sa pose et son acquisition. Autel qui sortira des ateliers de M. Buisine, à qui l'on l'on doit la Chaire de Vérité.

D'une altitude de plus de quinze mètres sur une largeur de huit, cette œuvre monumentale garnit tout le bras de Croix de la nef de l'Evangile.

Ornementé, dans le style ogivique flamboyant, l'Autel, dont le devant, le rétable et l'exposition sont curieusement fouillés, est, à droite et à gauche, flanqué de châsses de grandes proportions, à destination clairement indiquée par des banderoles portant ces inscriptions : « *Reliquiæ sanctorum, cor Jesus amantium,* » au-dessus de leurs baldaquins, reproduisant à peu près les motifs de leurs socles, planent deux séraphins aux ailes éployées, et jouant de la viole et du théorbe.

L'arrière de l'exposition se trouve dominé par la figure du Sacré-Cœur, qu'accompagnent de chaque côté des châsses, les figures des évangélistes. Ces cinq personnages, de grandeur nature, se logent en des niches à dais que terminent de hauts pinacles ajourés, ornés de crossettes et cantonnés de clochetons.

La statuaire richement polychromée, presque toutes les moulures de l'Autel dorées, et certains évidements réchampis en rouge, afin de trancher sur la tonalité générale du chêne, procurent à l'ensemble un éclat et un jeu qui, satisfaisants déjà dès l'abord, ont singulièrement gagné depuis qu'un remaniement de l'Autel primitivement sur un seul plan horizontal, et partant éclairé d'une manière égale et diffuse, a rompu l'uniformité des lignes et produit des oppositions laissant moins à désirer.

Trompé par le jour de ses ateliers, et dans l'impossibilité de se rendre compte de l'aspect d'une œuvre qu'un manque d'élévation empêchait de complètement monter chez lui, M. Buisine ne put s'apercevoir que sur place du côté faible pour l'œil de l'artiste, de cet immense travail.

Son parti fut immédiatement pris.

Refoulant d'une part, au moyen d'un glacis à imbrications et d'ébrasements à jours, la portion supérieure du centre de l'Autel, doublant d'autre part les saillies de certaines parties latérales, le tout sans nuire à la solidité de la structure, il obtint, par une intelligente distribution, de l'ombre et de la lumière, cet effet que l'Autel produit aujourd'hui.

Sans être aussi susceptibles que les poëtes « *genus irritabile,* » les archéologues pourraient trouver que la statuaire rentre moins dans le style du XVIe siècle que le gros de l'œuvre. Mais il n'en reste pas moins vrai, que cet Autel, accuse un travail consciencieux et un goût épuré, n'ayant rien de commun avec le pseudo-gothique de pacotille que fabriquent certains industriels, fameux par leurs réclames.

Plus d'épaisseurs dans les saillies, plus de sculptures dans l'œuvre, principalement au rétable, plus de ressauts dans l'ordonnance sentant un peu la boiserie, moins de simplicité dans les moulures, moins d'uniformité dans leurs motifs, eussent sans doute donné au tout plus d'aspect, plus de richesse et plus de caractère encore. Mais cela eut nécessité une mise de fonds que les ressources dont on disposait ne pouvaient procurer.

La bénédiction de l'Autel du Sacré-Cœur

fut faite le dimanche 11 (commémoration de la dédicace des églises), par M. l'abbé Graux, Chanoine de la Cathédrale, Vicaire général, Supérieur du Grand-Séminaire.

Au cours de l'éloquente allocution inaugurale de cette solennité liturgique, le célébrant a fort élogieusement parlé du monument élevé au culte du Sacré-Cœur et à l'œuvre de l'apostolat de la prière, qui vont y avoir leur siège.

Et les 6 et 8 juin 1884, lorsqu'à cet Autel se firent pour la première fois les cérémonies et prières du mois du Sacré-Cœur, l'une des gloires de la Chaire sacrée de France, le R. P. *Félix*, donna deux admirables conférences, dans lesquelles il définit et détermina de la façon la plus magistrale, ce qu'était l'apostolat de la prière sainement entendu, et ce que devait être le culte rendu au Sacré-Cœur de Jésus, centre éternel, divin, universel, du christianisme, de l'Eglise et de l'humanité.

Le 19 octobre 1884 eurent lieu la réception, l'inauguration et la bénédiction des grandes orgues restaurées, modifiées et complétées par la maison Lequien.

Voici quel fut le programme de la cérémonie, présidée par M. le Chanoine Planque, Grand-chantre de la Cathédrale :

Entrée, l'organiste de la paroisse.
Bénédiction par M. le Chanoine Planque.
Allocution par M. le Chanoine Roussel, Vicaire général.

Morceau d'orgue, M. Duhaupas, organiste de la Cathédrale.

Solo de basse (*Je crois en Dieu*, de M. Duhaupas), M. Wavelet.

Morceau d'orgue, M. Dupont, organiste de Saint-Géry.

Adagio pour violoncelle, M. Hanser.

Morceau d'orgue, l'organiste de Notre-Dame, de Douai.

Morceau de violon, M. Desavary.

O Salutaris, duo, Mlles J. Henry et Lecerf.

Morceau d'orgue, l'organiste de Nôtre-Dame de la Treille, de Lille.

Morceau de sortie par le Maître de chapelle du Petit-Séminaire d'Arras.

Tantum Ergo, M. Sévin.

Cette cérémonie religieuse et artistique qui avait attiré *tout Arras*, charma l'auditoire, on ne saurait plus satisfait de l'instrument, redevenu véritablement digne aujourd'hui de la réputation qui lui était faite au temps où il appartenait à l'église Sainte-Croix.

APPENDICE.

La date 1723, mise — après l'écroulement de 1719 — à l'endroit où avait commencé la reconstruction de la tour, nous avait penser, ainsi qu'à MM. Proyart et d'Héricourt, qu'entreprise à cette époque, cette reconstruction s'était ensuite continuée jusqu'à son parachèvement. Mais vu l'élévation du chiffre des dépenses à effectuer, les choses ne se passèrent pas ainsi.

On fit le plus pressant d'abord, puis on attendit pour le reste. Cela résulte positivement des documents fournis par les *Registres aux bâtiments civils* de 1722 à 1753, et de 1753 à 1773 (1).

« Sur la requeste présentée par les Curé, Marguilliers et paroissiens de l'église Saint-Nicolas sur les fossez de cette Ville, tendant à ce qu'il leur fut accordé acte de la présentation qu'ils font des deux plans y joints concernant l'élévation à faire du clocher de ladite église, et en conséquence en les

---

(1) Documents obligeamment communiqués par *M. Cottel* ainé, que nous sommes heureux de pouvoir remercier ici.

agréant, ordonner qu'ils seroient exécutés et notamment quant à la forme marquée, dans celuy qui représente la face de l'église jusques au nocq qui se trouvera dans la partie supérieure d'iceluy, en attendant qu'ils soient en état de faire une autre élévation.

» Messieurs ouy le raport des sieurs Échevins semainiers, Procureur du Roy et Commis aux ouvrages de cette Ville qui ont visité les lieux, ont donné acte aux suplians de ladite présentation qu'ils font des plans dont s'agit en conséquence et les agréant, ordonnent qu'ils seront exécutés dans leur contenu. Fait en Chambre, le 30 avril 1723 (1). »

« Sur la requête présentée par les Curé et administrateurs de l'église de Saint-Nicolas sur les Fossés de cette Ville, tendante à ce qu'il leur fut permis de faire rétablir le clocher de la dite église conformément au plan ci-joint.

» Vu ladite requête et l'avis des sieurs Échevins Commissaires aux ouvrages.

» Messieurs permettent aux suppliants, de faire bâtir le clocher de l'église de Saint-Nicolas conformément au plan et suivant les rectifications suivantes savoir en supprimant les demis pilastres doriques côtés au plan A qui ne peuvent s'exécuter dans ledit ordre en rapprochant les pilastres cotés B près de l'archivolte coté C.

---

(1) (*Reg. aux bâtim*ts de 1732 à 1753, f° 17), arch. municipales.

Enfin de rapprocher semblablement celui de l'ordre ionique audessus cottés D et les appareiller avec un autre de chaque côté : enfin que l'entablement près des angles du poligone à huit cotés ne soient pas soutenus à faux aussi bien que les acrotères audessus cotés E et en supprimant aussi les ressauts dudit entablement ionique qui sont en retour des angles dudit poligone cotés F qui sont autant contre le bon sens que contre les règles, et en suivant toujours exactement les proportions, profils et généralement toutes les règles que lesdits ordres doriques et ioniques requièrent.

» Fait en Chambre le 2 may 1755. » (1).

Que devait donc être avant son amendement par l'Echevinage, et la suppression des motifs « autant contre le bon sens que contre les règles » le projet du plan qui après corrections, nous a valu les deux étages supérieurs de la tour actuelle.

Les *Registres aux bâtiments* de 1722 à 1753, fournissent encore — à la date du 18 octobre 1724, — touchant le perron du grand porche de Saint-Nicolas sur les Fossés, et touchant une hobette sise entre les deux piliers du clocher, deux renseignements que voici :

« Sur la requeste présentée par les Curé et Marguilliers de St-Nicolas-sur-les-Fossez tendante à ce qu'il leur fut permis de faire rebâtir une petite maison entre les deux pilliers du clocher de la dite église.

---

(1) *Reg. aux batim.* de 1753 à 1773, f° 15.

Veu la requeste et le raport cy-dessus, Messieurs ont permis et permettent aux Marguillers de St-Nicolas-sur-les-Fossez, de faire faire le rétablissement de la petite maison dont s'agit entre les deux pilliers du clocher de la dite église conformément au plan joint sans néanmoins pouvoir excéder aucunement les dits pilliers et à charge de ne rien entreprendre sur la rue à quoi les Commis aux ouvrages tiendront soigneusement la main. Fait en Chambre le 13 octobre 1724 (4) »

« Sur la requête présentée par les Curé et Marguillers de St-Nicolas-sur-lez-Fossez tendant à ce qu'il leur fut accordé gratuitement une somme telle qu'il plaira à Messieurs du Magistrat pour le baissement et repavement du perron du grand portail de la dite église de St-Nicolas.

Veu la requeste et le rapport cy-dessus, Messieurs ont permis et permettent aux supplians de faire bastir le peron ou parvis du grand portail de la dite église à l'alignement du pavé de la grande nef de la dite église, ensemble de pavé de grè tenant audit peron, sur la rue en lui donnant une pente convenable pour couler les eaues, le tout aux dépens de la dite église et à charge ne rien entreprendre sur la rue, à quoy les Commis aux ouvrages tiendront soigneusement la main. Fait en Chambre le 13 octobre 1724 (5) »

(4 et 5). *Reg. aux bâtiments* de 1722 à 1753 folios 37 et 38.

NOMENCLATURE

de quelques-uns des Curés des Eglises Saint-Nicolas-sur-les-Fossés.

ÉGLISE ANCIENNE.

1383 *Mathieu de Flammermont*, « lieustenans de le cure Saint-Nicolay sur les Fossés de Arras ». (*Inventaire du Pas-de-Calais*, tome II, page 124, col. 1.)

1390 *Robert le Roy*. (*Compte* de cette date. — Archives départementales.)

14.. *Hue Mulette*. (*Lettre* de 1426.)

14.. *Jean des Alleux*. (Même *Lettre*.)

1426 *Alexandre le Maire*. (*Procédure*. — Archives départementales.)

ÉGLISE ACTUELLE.

16.. *Ferry de Locre*, décédé en 1614. Son *Chronicon Belgicum* porte ce chronogramme :

LoCrIVs oCCIdIt (heI) doCtæ LVgete CaMœnæ.

1614 *Michel Hocquet*. L'un des *Registres de catholicité* du temps offre cette mention :

« *Liber baptismalis in quo describuntur nomina baptisatorum in Ecclesiâ parochiali S. Nicolai Atrebati. Pastore M. Michaelo*

Hocquet Atrebatense, qui curam pastoralem prefatæ Ecclesiæ exercere cœpit a primis Vesperis festi Nativitatis Deiparæ Virginis, anno Domini 1614. » (Hôtel-de-Ville.)

1669 *Chollet*. Signe les *Registres de catholicité* (1).

1682 *Caron*, idem,

1697 *Baillet*, idem.

1743 *Debuire*, idem.

1781 *Porion*, idem (2).

1791 *Cavrois*, idem.

1803 *Pelletier. Registre de Fabrique* de la Cathédrale.

1829 *Bailly*, idem.

1833 *Godard. Registre de Fabrique* de Saint-Jean-Baptiste.

1843 *Boniface*, idem.

1868 *Dubois*, idem.

1876 *Gheerbrant*, curé actuel, idem.

(1) A partir de cette époque, la Nomenclature est complète.

(2) De 1784 à 1786, Porion eut pour vicaire M. Jean-Baptiste Le Gentil, qui depuis successivement, Vicaire de Sainte-Croix, Curé de Saint-Charles, Chanoine de la Cathédrale, décéda Doyen du Chapitre en 1847.

☦

TABLE ANALYTIQUE

Des principaux points traités dans ce volume.

	Pages.
Guiman' dans son *Cartulaire*, parle de la première église St-Nicolas-sur-les-Fossés.	1
Elle commence par n'être que le secours de l'Église St-Sauveur, qui devient elle-même le secours de cette dernière érigée en cure.	6
Emplacement exact de l'Eglise St-Nicolas-sur-les-Fossés.	10
Sa disposition archéologique.	13
Son cimetière.	16
St-Thomas Becquet officie dans cette Église.	16
Dissentiments entre l'abbaye de St-Vaast et le Chapitre de la Cathédrale au sujet de St-Nicolas-sur-les-Fossés.	17
Prérogatives et privilèges du Chapitre en qualité de Curé primitif.	19
Fondation de Madame de Mailly.	22
Confréries dont St-Nicolas-sur-les-Fossés était le siège.	30
Epitaphes des morts inhumés dans cette église.	34

	Pages.
Fondations et donations faites à St-Nicolas-sur-les-Fossés.	40
Démolition de l'Eglise.	41
Edification de l'Eglise actuelle.	45
Lieu précis de son emplacement.	45
Dons faits pour la construction.	46
Description architectonique de l'Eglise intérieure et extérieure	54
Ses différents autels.	58
Maître-autel substitué au Maître-autel primitif.	58
Grand candelabre au devant de cet autel.	60
Sonnerie de la Tour.	63
Ecroulement de la Flèche.	63
Réparation et modification de cette tour.	64
Refonte des cloches.	65
Epitaphes des morts inhumés dans l'Eglise.	65
Donations et fondations à son profit.	82
Confréries dont l'Eglise est le siège.	87
Procès entre le Curé et les Marguillers.	88
Nouvelles donations faites à St-Nicolas-sur-les-Fossés	91
Assassinat commis dans l'Eglise.— Sa réconciliation.— Sermon de Porion.	93
Arrêt du Conseil d'Artois condamnant l'assassin	94
Discours de Porion à la suite de la mutinerie des régiments de Nancy.	95
St-Nicolas-sur-les-Fossés est, par suite de la réduction du nombre des paroisses, mis sous le vocable de St-Géry.	97
Première élection dans cette Eglise d'un Evêque constitutionnel. Nomination de Duflos. Son refus	97
Seconde élection. Nomination de Porion. Son acceptation.	99
Demande faite par les Marguillers, de divers objets: Autel, tableaux, statues,	

	Pages.
cloches, orgues, etc., ayant appartenu aux ci-devant Eglises St-Géry et St-Jean-en-Ronville	101
Confiscation des vases sacrés des Eglises restées ouvertes. Scellés apposés sur leurs portes. Fermeture de ces Eglises.	104
La nouvelle Eglise St-Géry est transformée en *Temple de la Raison*.	105
Ameublement de ce local. De Béthune. Doncre.	106
Réclamations de ce dernier pour divers travaux exécutés dans le Temple. . .	108
Bals dissolus donnés dans le Temple Montagne construite au centre	111
Le *Temple de la Raison* est dédié à l'*Etre Suprême*.	111
Convocation du peuple au Temple de la Raison pour l'affaire Dauchez de Wailly.	112
Autre convocation pour l'affaire des Récollets, des Carmes, de Rouen, etc. . .	115
Démolition de la Montagne supportant la statue de la Liberté	116
Suppression des bals par suite des vols et actes immoraux qui s'y commettaient.	116
Fête de la souveraineté du peuple. . .	117
Fête des époux.	121
Orgues de l'Eglise Ste-Croix transportées au Temple. Leur description . . .	124
Installation de Monseigneur de La Tour dans l'ancienne Eglise St-Nicolas-sur-les-Fossés, rendue au culte.	128
Incident qui s'y produit.	128
Erection de l'Eglise en Cathédrale, sous l'invocation de la *Sainte-Vierge*, la paroisse est placée sous le vocable de *Saint-Jean-Baptiste*	130
Nomination des administrateurs provisoires de la fabrique	130

	Pages.
Cérémonie funèbre pour les défenseurs de la Patrie, morts aux armées.	130
Acquisition de confessionaux.	131
Rétablissement de la Procession commémorative de la levée du siège d'Arras.	131
Transport à la Cathédrale du trône épiscopal et des stalles de l'ancienne Cathédrale de St-Omer.	132
Installation de Messieurs du Chapitre.	132
Commande de reliquaires	133
Plantation d'un Calvaire, et restauration du culte du *Calvaire d'Arras*.	133
Translation de l'Evêché à la Cathédrale du corps de St-Vaast.	134
Conversion en stalles pour les Chanoines des boiseries du Chapitre de St-Vaast. Prolongation du chœur	134
Don fait à l'Eglise de la *Custode du Saint Cierge, de l'Autel de la Vierge, de sa statue.*	134
Description de l'autel	135
Sa provenance. Discussion à cet égard.	137
Statue. — Sa provenance. Discussion	141
Custode	145
Conclusion concordant avec l'opinion de M. Proyart	146
Translation de l'Evêché à l'Eglise de chasses renfermant des reliques.	147
Stalle du Préfet	147
Nomination des Marguillers	147
Autel donné par Mgr de La Tour.	148
Détermination de l'habit de chœur des Chanoines.	148
Trône préparé pour l'Empereur	148
Prières pour la prospérité du voyage de Pie VII	148
Confrérie des Trépassés. Indulgences. Prérogatives	149
Rétablissement de la table des orgues.	

	Pages.
Mort du sieur Filippe.	149
Rétablissement de la fête de l'Assomption.	149
Reliquaires donnés à la Confrérie des Trépassés.	150
Travaux opérés aux fenêtres de l'Eglise et à l'Autel de la Croix	150
Nouveau trône pour Monseigneur. Ornementation de la Chaire de Vérité. Acquisition des chandeliers, etc. . . .	152
Nomination des Marguilliers capitulaires.	152
Acquisition d'un Dais, etc.	153
Service expiatoire pour Louis XVI, Louis XVII, Marie-Antoinette, et Mme Elisabeth.	153
Erection de la Cathédrale en Eglise royale.	154
Passage du duc de Berry.	155
Adoption du cérémonial parisien. Messe de Saint-Louis. Service solennel pour le Duc de Berry.	155
Inauguration des Reliques de la Vraie Croix et de la Sainte-Epine. . . .	156
Service funèbre pour Pie VII.	156
Mission de 1825	157
Etablissement du Chemin de Croix. Ciboire et Croix processionnelle donnés par Monseigneur, etc.	158
Te Deum pour la reddition d'Alger. . . .	158
Mobilier laissé à St-Jean-Baptiste lors de la conservation de la Cathédrale actuelle.	158
Description de deux confessionaux. . .	159
Description de la descente de Croix de Rubens.	160
Description de l'Assomption de Vincent .	163
Nomination de M. Godard à la cure de St-Jean-Baptiste	164
Travaux importants qu'il y opère : Voûtes, dallage.	165
Découverte du caveau de l'ancien curé	

	Pages
Debuire	165
Pierres tumulaires conservées dans l'Eglise.	166
Grand autel de St-Jean-Baptiste.	172
Son déplacement et son remplacement par l'autel actuel.	173
Boiseries gothiques du chœur. Fonts Baptismaux.	174
M. Boniface succède à M. Godard. Saint-Jean-Baptiste est érigé en cure.	175
Restitution des meneaux et rosaces des fenêtres.	176
Nouvelle Chaire de Vérité. Description.	176
M. l'Abbé Dubois succède à M. Boniface.	178
Restauration de la Descente de Croix de Rubens et de l'Assomption de Vincent.	179
Verrières des quatre fenêtres du Sanctuaire.	179
Installation de M. le Curé Gheerbrant, successeur de M. Dubois.	180
Verrières des quatre grandes fenêtres du fond de l'église	180
Orgues d'accompagnement derrière les Stalles du grand chœur.	180
Acquisition d'un Chemin de Croix. Description.	181
Son inauguration par Mgr Lequette.	186
Autel du Sacré Cœur. Description. Bénédiction.	187
Restauration. Inauguration et bénédiction des grandes orgues.	190
Appendice. Nouveaux documents sur la reconstruction de la tour de l'Eglise.	193
Nomenclature de quelques uns des Curés de l'Eglise ancienne et de l'Eglise nouvelle.	197

OUVRAGES DE L'AUTEUR.

DROIT CIVIL ET CRIMINEL

Traité Historique, Théorique et Pratique de la Législation des Portions ménagères de marais pour les Trois Evêchés (Edit do de 1769), la Bourgogne (Edit de 1773), la Flandre, (Lettres Patentes de 1777), et l'Artois (Arrêt du Conseil de 1779), un fort volume in-8°, 1853, Durand, Paris. . . . . 8 fr.
Dissertations juridiques. 2 Vol. in-8°, 1855-1857. Durand ; Paris. . . . . . . 15 fr.
Désaveu de Paternité. Supputation des délais des articles 312 et 315. Code Civil, brochure in-8° 1857, Cosse et Marchal Paris. . . . . 1 fr.
Enclave Nécessaire. (Article 682. Code Civil), brochure in-8° 1861. Marescq. Paris. . . . . Epuisé
Origines du Droit. Essai Historique sur les preuves, sous les Législations Egyptienne, Juive, Indienne, Grecque et Romaine avec notes touchant le Droit Barbare et le Vieux Droit Français. 1 Vol. in-4° 1863. Durand. Paris. . 20 fr.

Poésie du Droit. Brochure in-4º 1864. . 3 fr.
Prorogation d'Enquête. Brochure in-8º
1878. Durand et Pedone Lauriel. Paris. Epuisé

HISTOIRE ET ARCHÉOLOGIE.

Nicolas Gossan. Jurisconsulte et commentateur de la Coutume d'Artois brochure grand in-8º 1864. . . . . 2 fr.
La Commanderie des Templiers à Haute-Avesnes, brochure grand in-8º avec planches 1873. . . . . Epuisé
Le Vieil Arras. Ses faubourgs, sa banlieue, ses environs avec eaux-fortes de M. J. Boutry. Un volume grand in 8º 800 pages 1877 (papier vergé). Bradier Arras. . . . . 20 fr.
La Prévôté Saint-Michel. Forte brochure grand in-8º avec planches de M. J. Boutry 1877 (papier vergé). . . . 6 fr.
Notre-Dame-du-Bois, brochure grand in-8º 1878. . . . . 1 fr.
Documents inédits touchant l'ancienne Abbaye de Saint-Vaast. 1878 brochure grand in-8º Société du Pas-de-Calais. Arras. . . . . 4 fr.
La Grand'Place, la Petite-Place, la rue de *la Taillerie* et la *Porte Saint-Michel* brochure grand in-8º avec planches par M. J. Boutry. Sueur-Charruey. Arras 1880 (papier vergé), ... 10 fr.
(papier ordinaire). . . . . 3 fr.
La Porte Ronville, brochure grand in 8º avec zincographie, par M. J. Boutry, et une gravure sur pierre. Sueur-Charruey 1881 (papier vergé). . . 6 fr.
(papier ordinaire). . . . . 3 fr.
Epigraphie d'Arras. Brochure in-4º. Typ. de Sède. Arras 1884. . . . . . . 5 fr.

La Porte Saint-Nicolas. Brochure grand
in-8º avec Lithographie de M. Boutry.
Rohart-Courtin. Arras 885. . . . Epuisé

Arras et sa Banlieue. Vus à vol d'oiseau
au XVIIᵉ siècle. Brochure grand in-8º
Rohart-Courtin. Arras 1885. . . . 1 fr.

Eglises Saint-Nicolas-en-Arras. Ville.
XIIº siècle à 1885. Typ. de Sède.
Arras 1885. Volume in-8º. . . . . 2 fr. 50

CRITIQUE D'ART.

Doncre. Artiste peintre 1868, brochure
grand in-8º avec photographies (papier
vergé). . . . . 10 fr.

Dutilleux. Artiste peintre 1866, brochure
grand in-8º avec portrait (papier vergé). 8 fr.

Tableaux des Eglises d'Arras. 1870, brochure in-8º . . . . 2 fr.

Demory. Artiste peintre 1872, brochure
in-8º. . . . . 2 fr.

M. Robaut et l'OEuvre de E. Delacroix,
1879, brochure in-8º. . . . . . Epuisé

NOTICES NÉCROLOGIQUES.

M. Billet Avocat 1868, brochure in-8º. . Epuisé

M. Lenglet Avocat 1878, brochure grand
in-8º. . . . . 3 fr.

M. Maurice Colin ancien Maire d'Arras
1879, brochure grand in-8º. . . . Epuisé

Une famille d'Avocats. Les Le Ducq 1602-
1877, brochure in-8º. Sueur-Charruey,
1881. . . . . 2 fr. 50

LÉGENDES.

La Veille des Trépassés 1879, brochure
in-8º. . . . . Epuisé

La Saint-Hubert, 1879, brochure in-8º . Epuisé

www.ingramcontent.com/pod-product-compliance
Lightning Source LLC
Chambersburg PA
CBHW051918160426
43198CB00012B/1938